יהודה עמיחי / עוד שירי אהבה

לחנה

יהודה עמיחי

עוד שירי אהבה

מהדורה דו־לשונית

הוצאת שוקן / ירושלים ותל־אביב

השירים במבחר זה, במקורם העברי, לקוחים כולם מספרי יהודה
עמיחי שראו אור בהוצאת שוקן: *שירים 1948-1962*, *עכשיו ברעש*,
ולא על מנת לזכור, *מאחורי כל זה מסתתר אושר גדול*, *הזמן*, *שלווה
גדולה: שאלות ותשובות*, *שעת החסד*, *מאדם אתה ואל אדם תשוב*,
גם האגרוף היה פעם יד פתוחה ואצבעות.

שירים שלא צוין בשוליהם שם המתרגם לאנגלית תורגמו על-ידי
יהודה עמיחי.

על העטיפה: ציור של ראובן רובין
"נערה עם רימונים", 1922, אוסף צ'רלס קלור לונדון

©
Copyright by Schocken Publishing House Ltd., Tel Aviv
Printed in Israel, 1994 – נדפס בישראל, תשנ"ד
נסדר ב"רם, שירותי הוצאה לאור"
נדפס בדפוס א.י.ל.
ISBN 965-19-0347-3

הַתֹּכֶן

בְּטֶרֶם 10

הַשְּׁנַיִם, הַמַּצָּב 12

שִׁיר בַּפַּרְדֵּס 14

אַהֲבָה מְסֻכֶּנֶת 16

תְּחִלַּת קַיִץ 18

שְׁנֵינוּ בְּיַחַד וְכָל אֶחָד לְחוּד 20

נַעֲרָה שֶׁשְּׁמָהּ שָׂרָה 22

אִמִּי אָמְרָה לִי פַּעַם 24

הוֹרָאוֹת לַמֶּלְצָרִית 26

יָשַׁבְתִּי בָּאשֶׁר 28

לַאֲהוּבָתִי, בְּהִסְתַּרְקָהּ 30

אַתְּ נוֹשֵׂאת מַשָּׂא עַכּוּזִים כְּבֵדִים 32

בִּמְקוֹם מִלִּים 34

וּבַלֵּילוֹת 36

שִׁשִּׁים קִילוֹגְרָם שֶׁל אַהֲבָה טְהוֹרָה 38

מתוך מַלְכַּת שְׁבָא 40

תֵּה צְמָחִים 44

בֵּין כּוֹכָבִים אַתָּה אוּלַי צוֹדֵק 46

פֶּרְסְפֶּקְטִיבָה שֶׁל אַהֲבָה 48

חָלַמְתִּי חֲלוֹם 50

תַּלְמִידָתִי לְשֶׁעָבַר 52

גּוּפֵי בְּנֵי אָדָם 54

שֶׁאֶצְטָרֵךְ 56

לְהַמְשִׁיךְ לִחְיוֹת 58

עָשִׂינוּ אֶת זֶה 60

פֶּה שָׂבוּכָה 62

אִשָּׁה מְדַיֶּקֶת 64

הַגּוּף הוּא הַסִּבָּה לְאַהֲבָה 66

נַסִּי שׁוּב 68

אִם שׁוּב יֵרֵד מַבּוּל 70

כְּקַמְרוֹן 72

כְּשֶׁתַּיִם אֲבָנִים 74

מָתוֹק קַיִץ אוֹ סוֹפוֹ 76

עוֹד פַּעַם 78

טַבּוּר 80

אַהֲבָה בְּעֶרֶב שַׁבָּת אַחַר הַצָּהֳרַיִם 82

הַלֵּב בַּמַּאי מָשְׁחָת 84

שׁוּב נִגְמְרָה אַהֲבָה 86

הֱיִי שָׁלוֹם 88

כְּגוֹן יָגוֹן 90

לִזְכֹּר הוּא מִין תִּקְוָה 92

לַוִּי אוֹתִי 94

חֲתֻנָּה 96

חֲתֻנָּה מְאֻחֶרֶת 98

גַּעְגּוּעִים נוֹרָאִים 100

בַּיּוֹם שֶׁיָּצָאתִי 102

פְּנֵי הַמַּיִם 104

יָשָׁר מִן הַדֵּעוֹת הַקְּדוּמוֹת 106

דַּיֶּלֶת 110

נַעֲרָה מוֹדֶרְנִית 112

מַרְתֵּף הַכְּבִיסָה 114

הַמֵּתִים, גַּעְגּוּעֵיהֶם הֵם בְּלִי גְּבוּל 116

עַצְבוּת עֵינַיִם וְתֵאוּרֵי מַסָּע 118

זִכְרוֹן אַהֲבָה: הֶסְדֵּר וּתְנָאִים 120

זִכְרוֹן אַהֲבָה: פְּתִיחַת הַצַּוָּאָה 122

בִּמְקוֹם שִׁיר אַהֲבָה 124

הָיִינוּ קְרוֹבִים 126

שְׁנֵי רְסִיסִים מֵהִתְפּוֹצְצוּת הָאֻכְלוּסִיָּה 128

בִּנְדִידַת עַמִּים 130

זִכְרוֹן אַהֲבָה: הַתֵּאוּר 134

שִׁיר אוֹהֵב וְכוֹאֵב 136

חֲלוּפִים, טָעֻיּוֹת, אֲהָבוֹת 138

יוֹבֵל אַהֲבָה 142

אֲנִי מַכִּיר אָדָם 144

בֵּינַיִם 146

אֲנִי יוֹשֵׁב לְיַד הַשֻּׁלְחָן 148

בִּבְרֵכַת הַשְּׂחִיָּה 150

בְּאַהֲבָתֵנוּ 154

לְמַעְלָה עַל הָעֵץ אִצְטְרֻבָּלִים 156

עוד שירי אהבה

בְּטֶרֶם

בְּטֶרֶם הַשַּׁעַר יִסָּגֵר,
בְּטֶרֶם כָּל הָאָמוּר יֵאָמֵר,
בְּטֶרֶם אֶהְיֶה אַחֵר.
בְּטֶרֶם יַקְרִישׁ דָּם נָבוֹן,
בְּטֶרֶם יִסָּגְרוּ הַדְּבָרִים בָּאָרוֹן,
בְּטֶרֶם יִתְקַשֶּׁה הַבֵּטוֹן.
בְּטֶרֶם יִסָּתְמוּ כָּל נִקְבֵי הַחֲלִילִים,
בְּטֶרֶם יֻסְבְּרוּ כָּל הַכְּלָלִים,
בְּטֶרֶם יִשְׁבְּרוּ אֶת הַכֵּלִים.
בְּטֶרֶם הַחֹק יִכָּנֵס לְתָקְפּוֹ
בְּטֶרֶם אֱלֹהִים יִסְגֹּר אֶת כַּפּוֹ
בְּטֶרֶם נֵלֵךְ מִפֹּה.

BEFORE

Before the gate has been closed,
before the last question is posed,
before I am transposed.
Before the weeds fill the gardens,
before there are no more pardons,
before the concrete hardens.
Before all the flute-holes are covered,
before things are locked in the cupboard,
before the rules are discovered.
Before the conclusion is planned,
before God closes his hand,
before we have nowhere to stand.

Translated by Steven Mitchell

הַשְּׁנַיִם, הַמַּצָּב

הִנֵּה מָבוֹא: הַשְּׁנַיִם, הַמַּצָּב,
אוּלַי הֶכְרֵחַ, וְאִילָנוֹת וְיָם,
וְאָב מֻדְאָג, וְעִיר בְּטֶרֶם קְרָב,
וּמֵרָחוֹק מֵתִים שֶׁאֵין לְהַכִּירָם.

וְאֶמְצַע הַסִּפּוּר עַכְשָׁו, אוּלַי הַשִּׂיא —
הַמִּלְחָמָה. עָשָׁן בִּמְקוֹם רְחוֹב,
וְיוֹם חֻפְשָׁה רִאשׁוֹן, וְהוּא וְהִיא,
וְאֵם מַרְגַּעַת מִקִּבְרָהּ: יִהְיֶה עוֹד טוֹב.

וְזֶה הַצְּחוֹק הָאַחֲרוֹן: אֶת כּוֹבַע
הַחַיָּלִים שֶׁלּוֹ חָבְשָׁה מוּל הָרְאִי.
וְכֹה יָפְתָה, וְכוֹבָעוֹ הִתְאִים.

וְאַחַר־כָּךְ, מֵאֲחוֹרֵי בָּתֵּי הָרֹבַע,
פְּרִידָה כְּרֶצַח בְּדָם קַר,
וְלַיְלָה בָּא, כְּאַחֲרִית דָּבָר.

THE TWO OF THEM, THE BRITTLE

A preface first: the two of them, the brittle
calm, necessity, and sun, and shade,
an anxious father, cities braced for battle,
and from afar, unrecognizable dead.

The story's climax now—the war. First leave,
and smoke instead of streets, and he and she
together, and a mother from her grave
comforting: It'll be all right, don't worry.

And the last laugh is this: the way she put
his army cap on, walking to the mirror.
And was so lovely, and the cap just fit.

And then, behind the houses, in the yard,
a separation like cold-blooded murder,
and night arriving, like an afterword.

Translated by Steven Mitchell

שִׁיר בַּפַּרְדֵּס

אֲנִי שְׁכוּחַ אֵל. "אַתָּה
שְׁכוּחַ אֵל," אָמַר אָבִי.
הָאֵל שָׁכַח אוֹתִי. אַחַר כָּךְ גַּם הוּא.

רֵיחַ פְּרִיחַת הַפַּרְדֵּסִים
שֶׁהָיָה בִּי זְמַנִּית. אַתְּ. הַיָּדַיִם דָּבְקוּ
מִמִּיץ וְתַאֲוָה. צָעַקְתְּ צְעָקָה גְּדוֹלָה,
הֵטַלְתְּ שְׁתַּיִם מִיַּרְכַיִךְ הָאַחֲרוֹנוֹת
לַקְּרָב. אַחַר כָּךְ דְּמָמָה. אַתְּ, שֶׁלָּמַדְתְּ
הִיסְטוֹרְיָה בְּרֹאשֵׁךְ הַיָּפֶה, יוֹדַעַת שֶׁרַק מַה שֶּׁעָבַר
הוּא שֶׁקֶט; אֲפִלּוּ קְרָבוֹת, אֲפִלּוּ רֵיחַ
פַּרְדֵּסִים. פֵּרוֹת וּפְרָחִים הָיוּ בְּעֵץ אֶחָד
מֵעָלֵינוּ בְּעוֹנַת הַמַּכְפֵּלָה הַזֹּאת, בָּאָבִיב.

וּכְבָר אָז דִּבַּרְנוּ בַּמַּבָּטָא
הַזָּר וְהַמּוּזָר שֶׁל אֵלֶּה שֶׁיָּמוּתוּ אוֹ יִפָּרְדוּ.

POEM IN AN ORANGE GROVE

I am abandoned by God. "You're abandoned by God,"
said my father.
God forgot me—
so did he, later.

The scent of orange groves in blossom
was in me for a while. You. Hands sticky
with juice and love. You cried a great cry
and threw two of your last thighs into battle.
And then silence.
You, whose handsome head learned history,
know that only what's past is silent.
Even battles,
even the scent of orange groves.
Blossoms and fruit were on one and the same tree,
above us, in that double season.

Even then we spoke with that foreign
and strange accent of those who will die.

Translated by Asia Gutmann

15

אַהֲבָה מְסֻכֶּנֶת

נָסַעְתִּי בַּמּוֹשָׁב הָאֲחוֹרִי בִּמְכוֹנִית
שֶׁל זוּג אוֹהֲבִים: יָדוֹ הָאַחַת בַּהֶגֶה
וְיָדוֹ הַשְּׁנִיָּה חָבְקָה אֶת הַנַּעֲרָה.
אַהֲבָתָם סִכְּנָה גַּם אוֹתִי,
הָיִיתִי שֻׁתָּף לְסַכָּנָתָם אַךְ לֹא לְאַהֲבָתָם.

נָסַעְנוּ בַּלַּיְלָה מִיָּם הַמֶּלַח לִירוּשָׁלַיִם
בַּמִּדְבָּר סָבִיב הָיָה תַּרְגִּיל מִלְחָמָה,
טַנְקִים שְׁקֵטִים קָמוּ מִשְּׁנָתָם
וְנָעוּ כְּמוֹ סַהֲרוּרִים.

בַּכְּבִישׁ נִלְכְּדוּ חַיּוֹת הַמִּדְבָּר
בָּאוֹר הֶחָזָק שֶׁל הַמְּכוֹנִית הָאוֹהֶבֶת,
עֵינֵיהֶן נִדְלְקוּ וְאַחַר כָּךְ נִדְרְסוּ
אוֹ חָזְרוּ אֶל תּוֹךְ הַחֲשֵׁכָה.

וְכָל הַלַּיְלָה יָשַׁבְתִּי עֵר בְּבֵיתִי
לְנַתֵּק מִלִּים מֵרְגָשׁוֹת,
כְּמוֹ אַסְפָן בּוּלִים הַמְנַתֵּק בּוּלִים מִן הַמַּעֲטָפוֹת
כְּדֵי לְסַדֵּר אוֹתָם בְּשׁוּרוֹת יְשָׁרוֹת וִיפוֹת צֶבַע.

DANGEROUS LOVE

I sat in the back seat
of a car behind two lovers. His one hand
on the wheel, his other hand holding his girl.
Their love endangered me too.
I shared their danger, but not their love.

We drove late at night from the Dead Sea
to Jerusalem. Around us in the desert
there was a war exercise:
Quiet tanks taken out of their sleep
moved like sleepwalkers.

Desert animals were trapped
in the bright light of the loving car,
their eyes lit up and then they were run over
or went back into the dark.

For the rest of the night
I sat at home to detach
words from emotions
like a stamp collector detaching
stamps from envelopes
to order them in straight lines
in beautiful colours.

תְּחִלַּת קַיִץ

בְּיָמִים אֵלֶּה עוֹזֵב אֱלֹהִים אֶת הָאָרֶץ,
לָלֶכֶת לִמְעוֹן־הַקַּיִץ שֶׁלּוֹ
בֶּהָרִים הָאֲפֵלִים שֶׁהֵם אַתְּ,
וּמַשְׁאִיר אוֹתָנוּ לַשָּׁרָב, לַחֶרֶב וְלַקִּנְאָה.

לֹא נַאֲרִיךְ בִּדְבָרִים. לֹא נַאֲרִיךְ בִּכְלָל
לִהְיוֹת. נֶצַח הוּא צוּרָה
מֻשְׁלֶמֶת שֶׁל בְּדִידוּת הֲדָדִית.

תְּחוּשָׁה מְתוּקָה בֵּין רַגְלַיִם
תֹּאמַר לָנוּ עַל חֻלְשַׁת הַשָּׁהוּת
וְעַל עַצְבוּת הַמִּלִּים לוֹמַר.

BEGINNING OF SUMMER

In these days God leaves the earth
to go to his summer residence
in the dark hills, which are you,
and leaves with desert winds, malice, and war.

We shall not talk much longer, nor
live much longer. Eternity is
just another form of mutual loneliness.

A sweet sensation between thighs
will tell us about the weakness of staying
and about the weakness of words to tell.

שְׁנֵינוּ בְּיַחַד וְכָל אֶחָד לְחוּד

יַלְדָּה שֶׁלִּי, עוֹד קַיִץ עָבַר
וְאָבִי לֹא בָּא לַלּוּנָה-פַּרְק.
הַנַּדְנֵדוֹת מוֹסִיפוֹת לָנוּד.
שְׁנֵינוּ בְּיַחַד וְכָל אֶחָד לְחוּד.

אֹפֶק הַיָּם מְאַבֵּד סְפִינוֹתָיו —
קָשֶׁה לִשְׁמֹר עַל מַשֶּׁהוּ עַכְשָׁו.
מֵאֲחוֹרֵי הָהָר חִכּוּ הַלּוֹחֲמִים.
כַּמָּה זְקוּקִים אָנוּ לְרַחֲמִים.
שְׁנֵינוּ בְּיַחַד וְכָל אֶחָד לְחוּד.

יָרֵחַ מְנַסֵּר אֶת הֶעָבִים לִשְׁנַיִם —
בּוֹאִי וְנֵצֵא לְאַהֲבַת בֵּינַיִם.
רַק שְׁנֵינוּ נֹאהַב לִפְנֵי הַמַּחֲנוֹת.
אוּלַי אֶפְשָׁר עוֹד הַכֹּל לְשַׁנּוֹת.
שְׁנֵינוּ בְּיַחַד וְכָל אֶחָד לְחוּד.

אַהֲבָתִי הָפְכָה אוֹתִי כַּנִּרְאֶה
כְּיָם מָלוּחַ לְטִפּוֹת מְתוּקוֹת שֶׁל יוֹרֶה;
אֲנִי מוּבָא אֵלַיִךְ לְאַט וְנוֹפֵל.
קַבְּלִינִי. אֵין לָנוּ מַלְאָךְ גּוֹאֵל.
כִּי שְׁנֵינוּ בְּיַחַד. כָּל אֶחָד לְחוּד.

BOTH TOGETHER AND EACH APART

Dearest, the summer's gone to fall
and nobody came to the carnival.
The swings keep swinging in the dark.
Both of us together and each one apart.

The ships are lost on the ocean's brow—
it is hard to watch over anything now.
The fighters waited behind the hill
how much we all need pity still.
Both of us together and each one apart.

The moon is sawing the clouds in half above—
come, and we'll go out to halfway love,
just we two will love, before the camps are ranged.
Possibly everything can still be changed.
Both of us together and each one apart.

My love, it seems, has altered me
to sweet drops of rain that was a salt sea
I am come to you slowly, and I fall.
Receive me. No bright angels call.
For we are both together. Each is apart.

Translated by Robert Friend

נַעֲרָה שֶׁשְּׁמָהּ שָׂרָה

שָׂרָה כּוֹתֶבֶת מִכְתָּבִים
בְּלִי חֶמְלָה וְדֶרֶךְ הַיָּם.

בְּעַד עֵינֶיהָ הַיָּפוֹת
הִיא צְרִיכָה לְשַׁלֵּם רִבִּית
כָּל יְמֵי חַיֶּיהָ.

מִתַּחַת לְחֻפּוֹת גַּבּוֹתֶיהָ,
תָּמִיד חֲתֻנּוֹת.

פִּיהָ צָמַח אָדֹם עַל שִׂיחַ
בַּיַּעַר לְיַד יַלְדוּתִי.

בָּאַרְגָּזִים שָׁמוּר הָעוֹלָם בְּחַדְרָהּ,
אָרוּז לִנְסִיעָה.

הִיא אוֹפָה מַצּוֹת שֶׁל אַהֲבָה בְּחִפָּזוֹן,
מוּכָנָה לָצֵאת כָּל רֶגַע
לָאָרֶץ הַיְּעוּדָה,
וַאֲפִלּוּ דֶּרֶךְ הַמִּדְבָּר.

אֲנִי רוֹצָה לְשׂוֹחֵחַ עִמָּהּ
עַל תִּקּוּנִים בְּמַפַּת חַיַּי.

A GIRL CALLED SARAH

Sarah writes letters,
merciless and by sea.

For her beautiful eyes
she has to pay high interest
for the rest of her life.

Under the canopies of her eyebrows
weddings are constantly being held.

Her mouth has grown red on a bush
in the forest next to my childhood.

Inside her room
the whole world is kept in trunks,
packed for a journey.

She bakes mazzes of love in great hurry,
always ready
to go to her promised land
even through the desert.

I want to discuss with her
corrections in my life's map.

אִמִּי אָמְרָה לִי פַּעַם

אִמִּי אָמְרָה לִי פַּעַם
לֹא לִישֹׁן עִם פְּרָחִים בַּחֶדֶר.
מֵאָז אֵינֶנִּי יָשֵׁן
עִם פְּרָחִים, אֲנִי יָשֵׁן
לְבַדִּי וּבִלְעֲדֵיהֶם.

הָיוּ הַרְבֵּה פְּרָחִים,
אַךְ מֵעוֹלָם לֹא הָיָה לִי דֵּי זְמַן.

וּבְנֵי אָדָם אֲהוּבִים כְּבָר דּוֹחֲקִים עַצְמָם
מֵחַיַּי,
כְּמוֹ סִירוֹת מִחוֹף.

אִמִּי אָמְרָה לִי
לֹא לִישֹׁן עִם פְּרָחִים:
לֹא תִּישַׁן. לֹא תִּישַׁן אִמִּי שֶׁל יַלְדוּתִי.

מַעֲקֵה־הָעֵץ שֶׁנֶּאֱחַזְתִּי בּוֹ
כְּשֶׁגָּרְרוּ אוֹתִי לְבֵית הַסֵּפֶר
נִשְׂרַף מִזְּמַן.
אַךְ יָדַי הָאוֹחֲזוֹת נִשְׁאֲרוּ
אוֹחֲזוֹת.

MY MOTHER ONCE TOLD ME

My mother once told me
not to sleep with flowers in the room.
Since then I have not slept with flowers.
I sleep alone, without them.

There were many flowers.
But I've never had enough time.
And persons I love are already pushing themselves
away from my life, like boats
away from the shore.

My mother said
not to sleep with flowers.
You won't sleep.
You won't sleep, mother of my childhood.

The bannister I clung to
when they dragged me off to school
is long since burnt.
But my hands, clinging,
remain
clinging.

הוֹרָאוֹת לַמֶּלְצָרִית

אַל תּוֹרִידִי אֶת הַכּוֹסוֹת וְהַצַּלָּחוֹת
מִן הַשֻּׁלְחָן. אַל תִּמְחֲקִי
אֶת הַכֶּתֶם מִן הַמַּפָּה! טוֹב כִּי אֵדַע:
חָיוּ לְפָנַי בָּעוֹלָם הַזֶּה.

אֲנִי קוֹנֶה נַעֲלַיִם שֶׁהָיוּ בְּרַגְלֵי אָדָם אַחֵר.
לִידִידַי מַחֲשָׁבוֹת מִשֶּׁלּוֹ.

אֲהוּבָתִי הִיא אֵשֶׁת אִישׁ.
לֵילִי מְשַׁמֵּשׁ בַּחֲלוֹמוֹת.
עַל חַלּוֹנִי מְצֻיָּרוֹת טִפּוֹת גֶּשֶׁם,
בְּשׁוּלֵי סְפָרַי הֶעָרוֹת שֶׁאֲחֵרִים רָשְׁמוּ.
בְּתָכְנִית הַבַּיִת, שֶׁבּוֹ אֲנִי רוֹצֶה לָגוּר,
צִיֵּר הָאַדְרִיכָל אֲנָשִׁים זָרִים לְיַד הַפֶּתַח.
עַל מִטָּתִי כַּר, שֶׁבּוֹ
גֻּמָּה שֶׁל רֹאשׁ שֶׁאֵינֶנּוּ.

לָכֵן, אַל תּוֹרִידִי
מִן הַשֻּׁלְחָן.
טוֹב כִּי אֵדַע:
חָיוּ לְפָנַי בָּעוֹלָם הַזֶּה.

INSTRUCTIONS FOR A WAITRESS

Don't clear the glasses and plates
from the table. Don't rub
the stain from the cloth: It's good to know
people were here before me.

I buy shoes which were on another man's feet.
(My friend has thoughts of his own.)
My love is another man's wife.
My night is "used" with dreams.
On my window raindrops are painted,
in the margins of my books are notes by others.
On the plan of the house in which I want to live
the architect has drawn strangers near the entrance.
On my bed is a pillow, with
a hollow of a head now gone.

Therefore don't clean the table;
it's good to know
people were here before me.

Translated by Harold Schimmel

יָשַׁבְתִּי בָּאֹשֶׁר

עֵינַיִךְ סָבְלוּ קֹר גָּדוֹל
וְחֹם גָּדוֹל
כִּזְכוּכִית יָפָה
וְנִשְׁאֲרוּ צְלוּלוֹת.

יָשַׁבְתִּי בָּאֹשֶׁר. כִּרְצוּעוֹת
תַּרְמִיל כָּבֵד
חָתְכָה הָאַהֲבָה בְּכִתְפֵי לִבִּי.

עֵינַיִךְ כָּפוּ עָלַי
תּוֹלְדוֹת חַיִּים חֲדָשִׁים.

יָשַׁבְתִּי בָּאֹשֶׁר. וּמֵעַתָּה
אֶהְיֶה רַק צַד אֶחָד בַּמִּלּוֹן,
נֶאֱמָר אוֹ מֻסְבָּר.

עֵינַיִךְ מוֹנוֹת וּמוֹנוֹת.

I SAT IN HAPPINESS

Your eyes suffered great cold
and great heat
like beautiful glass
and stayed lucid.

I sat in happiness. Like
the straps of a heavy knapsack,
love cut deep into my heart's shoulder.

Your eyes enforced
a new biography.

I sat in happiness. And from now on
I'll be just one side
in the dictionary,
the said or the explained.

Your eyes count and count.

לַאֲהוּבָתִי, בְּהִסְתָּרְקָהּ

לַאֲהוּבָתִי, בְּהִסְתָּרְקָהּ בְּלִי מַרְאָה מוּל פָּנַי,
מִזְמוֹר: רָחַצְתְּ שְׂעָרֵךְ בְּשַׁמְפּוֹן,
יַעַר אֳרָנִים שָׁלֵם מִתְגַּעְגֵּעַ עַל רֹאשֵׁךְ.

דְּמָמָה בִּפְנִים וּדְמָמָה מִחוּץ
רִקְּעוּ אֶת פָּנַיִךְ בֵּינֵיהֶן כִּנְחֹשֶׁת שְׁקֵטָה.

הַכַּר עַל מִטָּתֵךְ יִהְיֶה לָךְ מֹחַ עֵזֶר
מְקֻפָּל תַּחַת עָרְפֵּךְ לִזְכֹּר וְלַחֲלֹם.

הָאֲדָמָה רוֹעֶדֶת מִתַּחְתֵּינוּ, אֲהוּבָה.
נִשְׁכַּב צְמוּדִים יַחְדָּו, בְּרִיחַ כָּפוּל.

TO MY LOVE, COMBING HER HAIR

To my love, combing her hair
without a mirror, facing me,

a psalm: you've shampooed your hair, an entire
forest of pine trees is filled with yearning
on your head.

Calmness inside and calmness outside
have hammered your face between them
to a tranquil copper.

The pillow on your bed is your spare brain,
tucked under your neck for remembering
and dreaming.

The earth is trembling beneath us, love.
Let's lie fastened together, a double safety-lock.

Translated by Chana Bloch

אַתְּ נוֹשֵׂאת מַשָּׂא עִכּוּזִים כְּבֵדִים

אַתְּ נוֹשֵׂאת מַשָּׂא עִכּוּזִים כְּבֵדִים וְעֵינַיִךְ בְּהִירוֹת.
עַל מָתְנַיִךְ אַבְנֵט רָחָב שֶׁלֹּא יָגֵן עָלַיִךְ.

וְאַתְּ עֲשׂוּיָה מֵחֳמָרִים הַמְּאַטִּים
אֶת הַשִּׂמְחָה וְאֶת כְּאֵבָהּ.

וּכְבָר לִמַּדְתִּי אֶת אֵיבַר מִינִי
לְהַגִּיד אֶת שְׁמֵךְ, כְּמוֹ צִפּוֹר חֲכָמָה.

אַתְּ לֹא מִתְפַּעֶלֶת, כְּמוֹ לֹא שׁוֹמַעַת.
מָה עוֹד הָיִיתִי צָרִיךְ לַעֲשׂוֹת לְמַעֲנֵךְ?

עַכְשָׁו נִשְׁאַר לִי רַק שְׁמֵךְ, עַצְמָאִי לְגַמְרֵי, כְּמוֹ חַיָּה:
הוּא אוֹכֵל מִיָּדִי וְשׁוֹכֵב בַּלַּיְלָה מְכֻרְבָּל בְּמֹחִי הָאָפֵל.

YOU CARRY THE WEIGHT OF HEAVY BUTTOCKS

You carry the weight of heavy buttocks,
but your eyes are clear.
Around your waist a wide belt that won't protect you.

You're made of the kind of materials that slow down
the process of joy
and its pain.

I've already taught my penis
to say your name
like a trained parakeet.

And you're not even impressed. As if
you didn't hear.
What else should I have done for you?

All I have left now is your name,
completely independent,
like an animal:

it eats out of my hand
and lies down at night
curled up in my dark brain.

Translated by Chana Bloch

בִּמְקוֹם מִלִּים

לַאֲהוּבָתִי שִׂמְלָה לְבָנָה וַאֲרֻכָּה מְאוֹד,
שֶׁל שֵׁנָה, שֶׁל נְדוּדֵי שֵׁנָה, שֶׁל כְּלוּלוֹת,
בָּעֶרֶב הִיא יוֹשֶׁבֶת לְיַד שֻׁלְחָן קָטָן,
שָׂמָה עָלָיו מַסְרֵק, שְׁתֵּי צְלוֹחִיּוֹת,
מִבְרֶשֶׁת, בִּמְקוֹם מִלִּים.
שׁוֹלָה מִמַּעֲמַקֵּי שְׂעָרָהּ סִכּוֹת רַבּוֹת
וְשָׂמָה אוֹתָן בְּפִיהָ, בִּמְקוֹם מִלִּים.

אֲנִי פּוֹרֵעַ אוֹתָהּ, הִיא מִסְתָּרֶקֶת,
אֲנִי פּוֹרֵעַ שׁוּב. מַה נִּשְׁאָר?
הִיא נִרְדֶּמֶת בִּמְקוֹם מִלִּים,
וּשְׁנָתָהּ כְּבָר מַכִּירָה אוֹתִי,
מְכַשְׁכֶּשֶׁת בַּחֲלוֹמוֹתֶיהָ הַצַּמְרִיִּים,
בִּטְנָהּ סָפְגָה בְּקַלּוּת
אֶת כָּל נְבוּאוֹת הַזַּעַם
שֶׁל אַחֲרִית הַיָּמִים.

אֲנִי מֵעִיר אוֹתָהּ: אֲנַחְנוּ
כְּלֵי עֲבוֹדָה שֶׁל אַהֲבָה קָשָׁה.

INSTEAD OF WORDS

My love has a very long white gown
of sleep, of sleeplessness, of weddings.
In the evening she sits at a small table,
puts a comb down on it, two tiny bottles
and a brush, instead of words.
Out of the depths of her hair she fishes many pins
and puts them in her mouth, instead of words.

I dishevel her, she combs.
I dishevel again. What's left?
She falls asleep instead of words,
and her sleep already knows me,
wags her woolly dreams.
Her belly easily absorbs
all the wrathful prophecies of
the End of Days.

I wake her: we
are the instruments of a hard love.

Translated by Chana Bloch

וּבַלֵּילוֹת

וּבַלֵּילוֹת חַדְרֵנוּ נֶאֱטָם
כְּקֶבֶר פִּירָמִידָה. מֵעָלֵינוּ
הַר דְּמָמוֹת זָרוֹת, כְּחוֹל מוּרָם,
דּוֹרוֹת רַבִּים עַל פֶּתַח מִשְׁכָּבֵנוּ.

וְעֵת גּוּפֵינוּ יְשֵׁנִים מְאוֹד,
עַל הַקִּירוֹת שׁוּב מִצְטַיֶּרֶת
הַדֶּרֶךְ בָּהּ עוֹבְרוֹת הַנְּשָׁמוֹת
שֶׁלָּנוּ. הֲתִרְאִים? סִירָה עוֹבֶרֶת

וּשְׁנַיִם בָּהּ עוֹמְדִים, הַשְּׁאָר חוֹתְרִים.
וְכוֹכָבִים מֵעַל, כּוֹכְבֵי הָאֲחֵרִים
יְאוֹר הַזְּמַן נוֹשֵׂא בְּלִי לִפְתֹּר.

וְאָנוּ חֲנוּטִים בְּאַהֲבָה רַבָּה.
וּכְאַחַר הַנֶּצַח בֹּקֶר בָּא;
אַרְכֵאוֹלוֹג עַלִּיז — וְלוֹ הָאוֹר.

IN THE LONG NIGHTS

In the long nights our room was closed off and
sealed, like a grave inside a pyramid.
Above us: foreign silence, heaped like sand
for aeons at the entrance to our bed.

And when our bodies lie stretched out in sleep,
upon the walls, again, is sketched the last
appointment that our patient souls must keep.
Do you see them now? A narrow boat drifts past;

two figures stand inside it; others row.
And stars peer out, the stars of different lives;
are carried by the Nile of time, below.

And like two mummies, we have been wrapped tight
in love. And after centuries, dawn arrives;
a cheerful archaeologist—with the light.

Translated by Steven Mitchell

שִׁשִּׁים קִילוֹגְרָם שֶׁל אַהֲבָה טְהוֹרָה

שִׁשִּׁים קִילוֹגְרָם שֶׁל אַהֲבָה טְהוֹרָה,
בְּנוּיָה לְתִפְאֶרֶת שֶׁבָּנְתָה אֶת עַצְמָהּ
בְּלִי תָּכְנִיּוֹת אַדְרִיכָל, בְּלִי רֵאשִׁית בְּלִי תַּכְלִית.
אֵשֶׁת נֶטוֹ סוֹעֶרֶת שֶׁל גֶּנֶטִיקָה טְהוֹרָה עַצְמִית:
תָּא אַהֲבָה מוֹלִיד תָּא אַהֲבָה.

מָה עוֹשָׂה לָךְ הַסְּבִיבָה,
מָה עוֹשִׂים לָךְ שִׁנּוּיִים?
הֵם מְיַפִּים אוֹתָךְ מִחוּץ, כְּמוֹ שְׁקִיעַת שֶׁמֶשׁ
וּמְדַגְדְּגִים אוֹתָךְ בִּפְנִים. אַתְּ צוֹחֶקֶת,
אֲנִי אוֹהֵב אוֹתָךְ.

SIXTY KILOGRAMS OF PURE LOVE

Sixty kilograms of pure love, net femininity
built for splendor that built itself—
with no architects' blueprints, no beginning, no end.
Passionate, pure autogenetics:
a love cell begets a love cell.

What does the environment do to you,
what do changes do to you?
They make you beautiful on the outside, like a sunset,
and tickle you on the inside. You laugh,
I love you.

Translated by Barbara and Benjamin Harshav

מתוך מַלְכַּת שְׁבָא

הֲכָנוֹת לִנְסִיעָה

לֹא נָחָה, אֶלָּא
נָעָה, כִּשְׁוָא נָע,
מַלְכַּת שְׁבָא
קָמָה מֵרִבְצָהּ בֵּין קְלָלוֹת אֲפֵלוֹת
מָחֲאָה כַּף,
הַמְּשָׁרְתִים נָפְלוּ עַל גַּב,
עֲטַלֵּפִים הִתְחַלְּפוּ
וּכְבָר צִיְּרָה בַּחוֹל
בְּבֹהֶן רַגְלָהּ
אֶת שְׁלֹמֹה, כִּבְיָכוֹל,
כְּמוֹ כַּדּוּר, כְּמוֹ
דָּג בְּזָקָן, כְּמוֹ
עָנָן בְּלִי עִנְיָן, כְּמוֹ
חֲצִי עוֹף וַחֲצִי שְׁלֹמֹה.

שַׂר הַטְּקָסִים הִגְזִים
בְּטַוָּסִים וְאַרְגָּזִים.
אַחַר כָּךְ פָּתְחָה מְעַט
אֶת עַצְמוֹת הַבְּרִיחַ,
שֶׁיּוּכַל לְהָרִיחַ
אֶת רֵיחַ לִבָּהּ.
כְּמוֹ כֵן הוּבְאוּ נוֹצוֹת
לְדַגְדֵּג אָזְנוֹ
כְּנֶגֶד אֲזֵנוֹ.

FROM QUEEN OF SHEBA

Preparations for the Journey

Not resting but
moving her lovely butt,
the Queen of Sheba,
having decided to leave, a-
rose from her lair
among dark spells, tossed her hair,
clapped her hands,
the servants fainted, and
already she drew in the sand
with her big toe:
King Solomon, as though
he were a rubber ball, an
apocalyptic, bearded herring, an
imperial walking-stick, an
amalgam, half chicken
and half Solomon.

The minister of protocol
went too far, with all
those peacocks and ivory boxes.
Later on,
she began to yawn
deliciously, she stretched like a cat
so that

41

גַּם גְּנֻבָה לָהּ מִלָּה
עַל בְּרִית הַמִּילָה,
הַכֹּל רָצְתָה לָדַעַת
סַקְרָנוּתָהּ פָּרְחָה כְּמוֹ צָרַעַת,
אַחְיוֹת דָּמָהּ הַפְּרוּעוֹת
צָעֲקוּ דֶּרֶךְ רַמְקוֹל כָּל גּוּפָהּ.
הַכַּפְתּוֹרִים בַּשָּׁמַיִם
נִפְתְּחוּ,
רֹאשָׁהּ הֶהָפוּךְ
הֻכָּה בַּפּוּךְ,
כָּל בָּתֵּי־בֹּשֶׁת
שֶׁל רִגְשׁוֹתֶיהָ
בָּאָדֹם הוּאֲרוּ.
בַּחֲרֹשֶׁת
דָּמָהּ עָבְדוּ
עַד לֵיל בָּא,
לַיְלָה אָפֵל, כְּמוֹ רָהִיט יָשָׁן,
לֵיל עַד
עַד יַעַר עַד.

he would be able to sniff
her odif-
erous heart. They spared no expense,
they brought feathers, to tickle
his ears, to make his last defense
prickle.
She had been brought
a vague report
about circumcision,
she wanted to know everything, with absolute precision,
her curiosity
blossomed like leprosy,
the disheveled sisters of her corpuscles
screamed through their loudspeaker into all her muscles,
the sky undid
its buttons, she made herself up and slid
into a vast commotion,
felt her head
spin, all the brothels of her emotions
were lit up in red.
In the factory
of her blood, they worked frantically
till night came: a dark night, like an old table
a night as eternal
as a jungle.

Translated by Steven Mitchell

תֵּה צְמָחִים

הִיא מָזְגָה לוֹ תֵּה צְמָחִים לְהַרְגִּיעַ
אוֹתוֹ. הִיא אָמְרָה לוֹ: "הָרְצוֹנוֹת שֶׁלְּךָ
הֵם תַּאֲווֹת שֶׁהִתְבַּיְּתוּ בְּמֶשֶׁךְ אַלְפֵי שָׁנִים,
אַתָּה יוֹדֵעַ, כְּמוֹ זְאֵבִים וּכְלָבִים.
הַלַּיְלָה תִּהְיֶה כְּמוֹ לִפְנֵי אַלְפֵי שָׁנִים."

הִיא הוֹבִילָה אוֹתוֹ בַּזַּיִן הַצָּרוּד שֶׁלּוֹ
לַחֲדַר מִטּוֹת לָבָן לִמְצֹא חֵן
בְּעֵינֵי אֱלֹהִים וּבְעֵינֵי בְּנֵי אָדָם.

"אַתָּה תִּתְפַּלֵּא מַה יָּכוֹל לִהְיוֹת
כְּנָפַיִם. אַתָּה תִּתְפַּלֵּא; אֲפִלּוּ
יְרֵכַיִם כְּבֵדוֹת, אֲפִלּוּ זִכְרוֹנוֹת."

הִיא פָּשְׁטָה אֶת שִׂמְלָתָהּ הָאֲרֻכָּה,
הַנֶּפֶשׁ הַחִיצוֹנִית שֶׁל גּוּפָהּ.
אֶת הַפְּנִימִית הִשְׁאִירָה.

HERBAL TEA

She poured him herbal tea to soothe
him. She said: "your desires
are wild lusts domesticated in many, many years,
you know, like wolves and dogs.
Tonight you'll be like thousands of years ago."

She led him by his quiet penis
into a white, white bedroom
to please God and human beings.

"You'll wonder what can be wings,
you'll wonder; even heavy thighs and memories."

She took off her long white gown,
the external soul of her body;
the internal soul she left on.

בֵּין כּוֹכָבִים אַתָּה אוּלַי צוֹדֵק

"בֵּין כּוֹכָבִים אַתָּה אוּלַי צוֹדֵק,
אֲבָל לֹא כָּאן," בְּאֶמְצַע הַדִּבּוּר
עָבַרְתְּ לִבְכִי שָׁקֵט, כְּמוֹ שֶׁבְּאֶמְצַע מִכְתָּב
עוֹבְרִים מִכָּחֹל לְשָׁחֹר כְּשֶׁהָעֵט מִתְיַבֵּשׁ,
אוֹ כְּמוֹ שֶׁפַּעַם הֶחֱלִיפוּ סוּסִים בַּמַּסָּע:
הַדִּבּוּר הִתְעַיֵּף, הַבְּכִי רַעֲנָן.

זַרְעֵי קַיִץ עָפוּ לְתוֹךְ הַחֶדֶר שֶׁבּוֹ
יָשַׁבְנוּ. לִפְנֵי הַחַלּוֹן עָמַד עֵץ שָׁקֵד מַשְׁחִיר,
גַּם הוּא לוֹחֵם אַמִּיץ בַּמִּלְחָמָה הַנִּצְחִית
שֶׁל הַמָּתוֹק נֶגֶד הַמַּר.

רְאִי, כְּשֵׁם שֶׁהַזְּמַן אֵינֶנּוּ בְּתוֹךְ הַשְּׁעוֹנִים
כָּךְ הָאַהֲבָה אֵינֶנָּה בְּתוֹךְ הַגּוּפִים,
הַגּוּפִים רַק מַרְאִים אֶת הָאַהֲבָה.

אֲבָל נִזְכֹּר אֶת הָעֶרֶב הַזֶּה
כְּמוֹ שֶׁזּוֹכְרִים תְּנוּעוֹת שְׂחִיָּה
מִקַּיִץ אֶל קַיִץ. "בֵּין כּוֹכָבִים
אַתָּה אוּלַי צוֹדֵק, אֲבָל לֹא כָּאן."

ON SOME OTHER PLANET YOU MAY BE RIGHT

"On some other planet you may be right,
but not here." While you were talking
you changed to a silent weeping, as in the middle
                              of a letter
you change, when your pen goes dry, from blue
                              to black,
or as people used to switch horses during a journey.
Talk grew tired, tears
are always fresh.

Seeds of summer flew into the room
we were sitting in. In front of the window
there was an almond tree growing black:
One more warrior in the eternal battle
of the sweet against the bitter.

Look, just as time isn't inside clocks,
love isn't inside bodies:
bodies only show love.

But let's remember this evening
the way people remember the motions of swimming
from one summer to the next. "On some other planet
you may be right, but not here."

Translated by Chana Bloch

פֶּרְסְפֶּקְטִיבָה שֶׁל אַהֲבָה

כְּשֶׁבַּשְּׂדֵרָה
הוֹלְכִים הָאִילָנוֹת וּקְטֵנִים
הוֹלְכִים וּגְדֵלִים הַגַּעְגּוּעִים
הַמִּתְרַחֲקִים לְשָׁם.

עַל דֶּלֶת בֵּיתֵךְ הַיָּשָׁן בִּירוּשָׁלַיִם
תָּלוּי אֶגְרוֹף בַּרְזֶל.
[פַּעַם הָיָה זֶה
שֶׁל בָּשָׂר וָדָם].

PERSPECTIVE OF LOVE

When the trees get smaller and smaller
along the boulevard
my longings grow bigger and bigger
toward there.

On the door
of your old house in Jerusalem
there hangs a knocker,
an iron fist.
(Once it was
flesh and blood.)

חָלַמְתִּי חֲלוֹם

חָלַמְתִּי חֲלוֹם: בַּחֲלוֹמִי, שֶׁבַע נְעָרוֹת
שְׁמֵנוֹת וְטוֹבוֹת בָּשָׂר עָלוּ לָאָחוּ
וְאָהַבְתִּי אוֹתָן בָּאָחוּ. וְאַחֲרֵיהֶן
עָלוּ שֶׁבַע נְעָרוֹת רָזוֹת וּשְׁזוּפוֹת קָדִים
וּבָלְעוּ אֶת הַשְּׁמֵנוֹת בִּירֵכַיִם רְעֵבוֹת,
אֲבָל הַבֶּטֶן נִשְׁאֲרָה שְׁטוּחָה.
אָהַבְתִּי גַּם אוֹתָן וּבָלְעוּ גַּם אוֹתִי.

אֲבָל זוֹ שֶׁפָּתְרָה לִי אֶת הַחֲלוֹם,
זוֹ שֶׁאָהַבְתִּי אוֹתָהּ בֶּאֱמֶת,
הָיְתָה גַּם שְׁמֵנָה וְגַם רָזָה,
גַּם בּוֹלַעַת וְגַם נִבְלַעַת.

וּבַיּוֹם שֶׁאַחֲרֶיהָ יָדַעְתִּי
שֶׁלֹּא אָשׁוּב עוֹד לַמָּקוֹם הַזֶּה.

וּבָאָבִיב שֶׁאַחֲרֶיהָ הֶחֱלִיפוּ אֶת הַפְּרָחִים בַּשָּׂדֶה
וְאֶת סִפְרֵי הַטֶּלֶפוֹנִים עִם הַשֵּׁמוֹת.

וּבַשָּׁנִים שֶׁאַחֲרֶיהָ פָּרְצָה מִלְחָמָה
וְיָדַעְתִּי שֶׁלֹּא אֶחֱלֹם עוֹד חֲלוֹמוֹת.

I DREAMED A DREAM

I dreamed a dream: in my dream seven maidens
fat and sleek came up to the meadow
and I made love to them in the meadow.
And seven skinny windscorched maidens came up
                                                            after them
and swallowed up the fat ones with their hungry thighs
but their stomachs remained flat.
I made love to them too and they swallowed me too.

But she who solved the dream for me,
the one I really loved,
was both fat and thin,
both swallower and swallowed.

And the day after her I knew
that I would never return to that place.

And the spring after her, they changed the flowers
                                                            in the field
and the telephone books with all their names.

And in the years after her, war broke out
and I knew I would dream no more.

Translated by Tudor Parfitt and Glenda Abramson

תַּלְמִידָתִי לְשֶׁעָבַר

תַּלְמִידָתִי לְשֶׁעָבַר הִיא שׁוֹטֶרֶת תְּנוּעָה,
עַל פָּרָשַׁת דְּרָכִים הִיא עוֹמֶדֶת בְּאֶמְצַע הָעִיר:
הִיא פּוֹתַחַת אֲרוֹן קָטָן, כְּמוֹ אֲרוֹן תַּמְרוּקִים
וּמַחֲלִיפָה צִבְעֵי הָרַמְזוֹר לְפִי מַצְּבֵי רוּחָהּ.
אִישׁוֹנֶיהָ תַּעֲרֹבֶת שֶׁל יָרֹק, אָדֹם וְצָהֹב,
וּשְׂעָרָהּ קָצָר מְאוֹד, כְּשֶׁל נְעָרִים חֲצוּפִים.
בִּנְעָלֶיהָ הַשְּׁחֹרוֹת וְהַגְּבֹהוֹת הִיא נִשְׁעֶנֶת
עַל הָאָרוֹן. חֲצָאִיתָהּ קְצָרָה וְצָרָה
וְאֵינֶנִּי מֵעֵז כְּלָל לְתָאֵר בְּדִמְיוֹנִי אֶת
הֶהָדָר הַנּוֹרָא שֶׁבִּקְצֵה כָּל הַחוּם הַזָּהֹב הַזֶּה.

אֲנִי כְּבָר לֹא מֵבִין. אֲנִי כְּבָר אָבוּד.
כְּשֶׁאֲנִי עוֹבֵר בָּרְחוֹב, לִגְיוֹנוֹת שֶׁל צְעִירִים
וּצְעִירוֹת נִזְרָקִים מוּלִי, כָּל שָׁנָה
בְּגַלִּים גּוֹבְרִים, רְזֶרְבוֹת בְּלִי גְּבוּל.
וְתַלְמִידָתִי הַשּׁוֹטֶרֶת לֹא תּוּכַל לַעֲצֹר בָּהֶם.
אַף מִצְטָרֶפֶת אֲלֵיהֶם!

MY EX-PUPIL

My ex-pupil has become a policewoman.
There she is, standing at the crossroads in town:
She opens a box made of metal,
like a box of perfumes and cosmetics,
and changes the colors of the traffic lights
                              according to her mood.

Her eyes are a mixture of green, red and yellow.
Her hair is cut very short, like that of fresh
                              street urchins.
In her high black shoes she leans against the box.
Her skirt is short and tight. I don't even dare
to imagine all the terrible glory at the upper
end of all this golden tan.

I don't understand anymore. I'm already lost.
When I walk the street whole legions
of young men and young women are
thrown against me in ever-growing waves.
They seem to have endless reserves.
And my pupil, the policewoman,
is unable to stop them:
She even joins them!

גּוּפֵי בְּנֵי אָדָם

גּוּפֵי בְּנֵי אָדָם שׁוֹנִים זֶה מִזֶּה
אֲבָל נַפְשׁוֹתֵיהֶם דּוֹמוֹת וּמְלֵאוֹת תּוֹעֶלֶת מַבְרִיקָה,
כְּמוֹ נִמְלֵי תְּעוּפָה.
לָכֵן אַל תִּתְּנִי לִי אֶת נַפְשֵׁךְ,
תְּנִי לִי אֶת גּוּפֵךְ שֶׁלְּעוֹלָם לֹא אֵדַע עַד תֹּם,
תְּנִי לִי אֶת הַקַּנְקַן וְלֹא אֶת תּוֹכוֹ.

לָכֵן עִמְדִי אִתִּי בְּנִמְלֵי תְּעוּפָה
שֶׁבָּהֶם מַלְבִּישִׁים אֶת כְּאֵב הַפְּרִידָה
בְּמִלִּים יָפוֹת, כְּמוֹ יְתוֹמִים,
שֶׁבָּהֶם מַשְׁקֶה וּמָזוֹן יְקָרִים
וּבְנֵי־אָדָם וְגוֹרָלָם זוֹלִים יוֹתֵר.

וְאִישׁ מְדַבֵּר לְתוֹךְ טֶלֶפוֹן
וּפִיו שׁוֹתֶה מִן הָאֲפַרְכֶּסֶת יָגוֹן וְאַהֲבָה.

יָדַיִם לְבָנוֹת כְּמוֹ כַּלּוֹת
יֵשׁ גַּם לְאֵלֶּה שֶׁבּוֹכִים,
וּזְרוֹעוֹת חָפְשִׁיּוֹת מֵחִבּוּק
מַה יַּעֲשׂוּ בָּעוֹלָם?

תָּמוּת נַפְשִׁי עִם גּוּפִי.

HUMAN BODIES

Human bodies are different from one another
but their souls are all alike, filled with brilliant uses
like airports.
Do not give me your soul,
give me your body I shall never know to the end,
give me the vessel, not the wine.

Stand with me in airports
where the pain of parting
is cloaked in fine words,
like orphans,
where drinks and food are expensive
and men and their fates are cheap.

And a man talks into a telephone
and, from the receiver, his mouth drinks
grief and love.

Those who cry too
have white hands like brides.
Arms free from embrace,
what will they do in the world?

Let my soul die with my body.

Translated by Barbara and Benjamin Harshav

שֶׁאֶצְטָרֵךְ

שֶׁאֶצְטָרֵךְ לְהַתְחִיל לִזְכֹּר אוֹתָךְ,
כְּשֶׁאַחֵר יַתְחִיל לְגַלּוֹת אוֹתָךְ, אֶת
פָּנַיִם יְרֵכַיִךְ הָרַכִּים מֵעַל לַגֶּרֶב וּמָתַי אַתְּ צוֹחֶקֶת.
פִּתּוּחַ תְּמוּנוֹת רִאשׁוֹנוֹת לַחֲלוֹמוֹתָיו בֶּעָתִיד.

וְשֶׁאֶצְטָרֵךְ לִשְׁכֹּחַ אוֹתָךְ,
כְּשֶׁאַחֵר יַתְחִיל לִזְכֹּר אוֹתָךְ,
כְּשֶׁאֲחֵרֵי אֲחֵרִים יַתְחִילוּ לְגַלּוֹת.

וְחַיֵּי רֵיקִים כְּפֶרַח שֶׁמָּרְטוּ מִמֶּנּוּ
אֶת כָּל הֶעָלִים שֶׁל כֵּן, לֹא, כֵּן, לֹא, כֵּן.

וְלִהְיוֹת לְבַד הוּא לִהְיוֹת בַּמָּקוֹם
שֶׁבּוֹ לֹא הָיִינוּ יַחְדָּו, וְלִהְיוֹת לְבַד הוּא
לִשְׁכֹּחַ שֶׁאַתָּה כָּךְ: לִרְצוֹת לְשַׁלֵּם בְּעַד שְׁנַיִם
בָּאוֹטוֹבּוּס וְלִנְסֹעַ לְבַד.

עַכְשָׁו אֲכַסֶּה אֶת הַמַּרְאָה כְּמוֹ תְּמוּנוֹתַיִךְ
וְאֶשְׁכַּב לִישֹׁן. עוֹף הַשָּׁמַיִם יֹאכַל אֶת בְּשַׂר שְׁנָתִי.
הַכְּלָבִים יָלֹקּוּ
אֶת דָּמִי מִבִּפְנִים. אֵין רוֹאִים דָּבָר מִחוּץ.

BECAUSE I'LL HAVE TO

Because I'll have to begin remembering you
when someone else begins discovering you: the
soft inside of your thighs above the stocking,
and when you laugh.
Developing the first photos for his future dreams.

Because I'll have to forget you
when someone else begins remembering you
after others begin discovering.

For my life is as bare as a flower plucked clean
of its petals of loves, me not, loves, me not, loves.

And being alone is being where we
were never together, and being alone is
forgetting yourself: wanting to pay the driver for two
when you're riding alone.

Now I'll cover the mirror as I have your pictures
and go to bed. Birds will flock to
eat the flesh of my sleep.
Dogs will lick
my blood inside. But nothing
will show on the outside.

Translated by Warren Bargad

לְהַמְשִׁיךְ לִחְיוֹת

הַצִּיעִי לִי מִטָּה בָּאֲוִיר הֶחָם
תְּנִי לְרֹאשִׁי לָנוּחַ בַּשָּׁמַיִם
אֲשֶׁר הָיוּ פַּעַם מַיִם עַתִּיקִים.

חִשְׁבִי עַל הָעוֹלָם
אֲשֶׁר עָשָׂה כְּמֵיטַב יְכָלְתּוֹ
לְהַרְגִּיעַ אוֹתָנוּ
וּכְדֵי שֶׁלֹּא נִכְאַב יוֹתֵר מִדַּי
בַּשָּׁנִים הַבָּאוֹת.

לְהַמְשִׁיךְ לִחְיוֹת:
לִמְנֹעַ פְּגִישָׁה נוֹסֶפֶת.

TO CARRY ON LIVING

Oh, make my bed in the warm air,
let my head rest in heaven
which once was ancient water.

Think about this world
which has done its best
to calm us
so we won't suffer too much
in years to come.

To carry on living is
to avoid meeting
each other again.

עָשִׂינוּ אֶת זֶה

עָשִׂינוּ אֶת זֶה לִפְנֵי הָרְאִי
וּבָאוֹר. עָשִׂינוּ אֶת זֶה בַּחֲשֵׁכָה,
בַּמַּיִם וּבָעֵשֶׂב הַגָּבוֹהַּ.

עָשִׂינוּ אֶת זֶה לִכְבוֹד אָדָם
וְלִכְבוֹד חַיָּה וְלִכְבוֹד אֱלֹהִים.
אַךְ הֵם לֹא רָצוּ לָדַעַת עָלֵינוּ,
כְּבָר רָאוּ כָּאֵלֶּה.

עָשִׂינוּ בְּדִמְיוֹן וּבִצְבָעִים,
בְּעִרְבּוּב שֵׂעָר אֲדַמְדַּם עִם חוּם
וּבְתַרְגִּילִים קָשִׁים
מְשַׂמְּחֵי־לֵב. עָשִׂינוּ אֶת זֶה
כָּאוֹפַנִּים וּכְחַיּוֹת הַקֹּדֶשׁ
וּבְמַעֲשֵׂי־מֶרְכָּבָה שֶׁל נְבִיאִים.
עָשִׂינוּ אֶת זֶה שֵׁשׁ כְּנָפַיִם
וְשֵׁשׁ רַגְלַיִם, אַךְ הַשָּׁמַיִם
הָיוּ קָשִׁים מֵעָלֵינוּ
כְּאַדְמַת הַקַּיִץ תַּחְתֵּינוּ.

WE DID IT

We did it in front of the mirror
and in the light. We did it in darkness,
in water and in the high grass.

We did it in honor of man
and in honor of beast and in honor of God.
But they didn't want to know about us,
they'd already seen our sort.

We did it with imagination and colors,
with confusion of reddish hair and brown
and with difficult gladdening
exercises. We did it
like wheels and holy creatures
and with chariot feats of prophets.
We did it six wings
and six legs.

But the heavens
were hard above us
like the earth of the summer beneath.

Translated by Asia Gutmann

פֶּה שֶׁבּוֹכֶה

פֶּה שֶׁבּוֹכֶה וּפֶה שֶׁצּוֹחֵק
נִלְחָמִים זֶה בָּזֶה מוּל קָהָל שׁוֹתֵק.

אוֹחֵז אֶת הַפֶּה, קוֹרֵעַ וְנוֹשֵׁךְ
אֶת הַפֶּה, דָּם מַר וּמוֹעֵךְ

עַד שֶׁיֹּאמַר הַבּוֹכֶה, צוֹחֵק אֲנִי,
עַד שֶׁיֹּאמַר הַצּוֹחֵק, בּוֹכֶה אֲנִי.

A WEEPING MOUTH

A weeping mouth and a laughing mouth
in terrible battle before the silent crowd.

Each gets hold of the mouth, tears and bites
the mouth, smashes it to shreds and bitter blood.

Till the weeping mouth surrenders and laughs,
till laughing mouth surrenders and weeps.

אִשָּׁה מְדַיֶּקֶת

אִשָּׁה מְדַיֶּקֶת עִם תִּסְפֹּרֶת קְצָרָה עוֹשָׂה סֵדֶר
בְּמַחְשְׁבוֹתַי וּבִמְגֵרוֹתַי,
אִשָּׁה מְזִיזָה רְגָשׁוֹת כְּמוֹ רָהִיטִים
לְסִדּוּר חָדָשׁ.
אִשָּׁה עִם גּוּף מְשֻׁנָּץ וּמְחֻלָּק הֵיטֵב
בֵּין מַעְלָה וּבֵין מַטָּה,
אִשָּׁה עִם עֵינֵי חִזּוּי מֶזֶג אֲוִיר,
זְכוּכִית לֹא שְׁבִירָה,
אֲפִלּוּ צַעֲקוֹת הַתַּאֲוָה לְפִי סֵדֶר,
אַחַת אַחֲרֵי הַשְּׁנִיָּה וְלֹא מְעֻרְבָּבוֹת:
יוֹנַת בַּיִת, אַחַר כָּךְ יוֹנַת בָּר,
אַחַר כָּךְ טַוָּס, טַוָּס פָּצוּעַ, טַוָּס, טַוָּס.
אַחַר כָּךְ יוֹנַת בָּר, יוֹנַת בַּיִת, יוֹנָה יוֹנָה
תִּנְשֶׁמֶת, תִּנְשֶׁמֶת, תִּנְשֶׁמֶת.

אִשָּׁה מְדַיֶּקֶת: עַל הַמַּרְבָד לְיַד הַמִּטָּה
נְעָלֶיהָ עוֹמְדוֹת תָּמִיד מִן הַמִּטָּה וָהָלְאָה.
(נְעָלַי שֶׁלִּי בְּכִוּוּן אֵלֶיהָ.)

A PRECISE WOMAN

A precise woman with a short haircut brings order
to my thoughts and my dresser drawers,
moves feelings around like furniture
into a new arrangement.
A woman whose body is cinched at the waist
                              and firmly divided
into upper and lower,
with weather-forecast eyes
of shatterproof glass.
Even her cries of passion follow a certain order,
one after the other:
tame pigeon, then wild pigeon,
then peacock, wounded peacock, screeching peacock,
then wild pigeon, tame pigeon, pigeon pigeon
thrush, thrush, thrush.

A precise woman: on the bedroom carpet
her shoes always point away from the bed.
(My shoes point toward it.)

Translated by Chana Bloch

הַגּוּף הוּא הַסִּבָּה לְאַהֲבָה

הַגּוּף הוּא הַסִּבָּה לְאַהֲבָה
אַחַר כָּךְ הוּא הַמִּבְצָר הַשּׁוֹמֵר עָלֶיהָ
אַחַר כָּךְ הוּא הַכֶּלֶא שֶׁל הָאַהֲבָה.
אֲבָל כְּשֶׁהַגּוּף מֵת, הָאַהֲבָה יוֹצֵאת חָפְשִׁית מִתּוֹכוֹ
וּבְשֶׁפַע גָּדוֹל,
כְּמוֹ מְכוֹנַת מַזָּל שֶׁנִּשְׁבְּרָה
וּבְבַת-אַחַת שׁוֹפֶכֶת מִתּוֹכָהּ
בְּצִלְצוּל רוֹעֵם אֶת כָּל הַמַּטְבְּעוֹת
שֶׁל כָּל דּוֹרוֹת הַמַּזָּל.

66

THE BODY IS THE REASON FOR LOVE

The body is the reason for love;
after that, the fortress that protects it;
after that, love's prison.
But when the body dies, love is set free
in wild abundance,
like a slot machine that breaks down
and with a furious ringing pours out all at once
all the coins of
all the generations of luck.

Translated by Chana Bloch

נַסִּי שׁוּב

וְצַעֲקָתִי עֲשׂוּיָה זִיזִים מוּזָרִים
כְּמַפְתֵּחַ מְסֻבָּךְ.
קָשֶׁה יִהְיֶה לִפְתֹּחַ בָּהּ אֶת
הָעוֹלָם, קָשֶׁה וּמַכְאִיב לַשֵּׁנָה.
נַסִּי שׁוּב, בּוֹאִי עוֹד פַּעַם.
עָלִים בָּאִילָן מְרַשְׁרְשִׁים פִּתְאוֹם.
הֵם יוֹדְעִים קְצָת לְפָנֵינוּ עַל
בּוֹא הָרוּחַ, נַסִּי שׁוּב,
יֶשְׁנָהּ דֶּלֶת אֲחוֹרִית, דֶּרֶךְ הַגַּן.
אוּלַי נֵס שֶׁל דִּבּוּר שָׁקֵט וּמְשַׁכְנֵעַ
שֶׁיּוֹצִיא מַיִם מִסֶּלַע. לֹא
לְהַכּוֹת, רַק לְדַבֵּר.

TRY AGAIN

And my scream is made
like a sophisticated key.
It will be very hard
to open the world with it.

Try again, come once more,
leaves on the tree suddenly rustle;
they know about the wind
a little before us. Try again,
there is a backdoor. Try through the garden.

Perhaps a miracle of a quiet and convincing talk
will make the rock produce water,
No hitting; just talking!

אִם שׁוּב יֵרֵד מַבּוּל

אִם שׁוּב יֵרֵד מַבּוּל מִן הַשָּׁמַיִם,
יִקָּחוּנוּ לַתֵּבָה עִם כָּל זוּגוֹת הַשְּׁנַיִם —

עִם פִּיל וְעִם פִּילָה, עַכְבָּר וְעַכְבָּרָה,
עִם כָּל הַטְּמֵאָה וְהַטְּהוֹרָה.

יִשְׁמֹר אוֹתָנוּ נֹחַ, יַעֲטֹף
כִּשְׁתִיל הַגֶּפֶן לָעוֹלָם הַטּוֹב.

IF ONCE AGAIN A FLOOD FELL

If once again a flood fell from the spheres,
we would be on the Ark with all the pairs.
Both with the adder and the elephant,
with the defiled and with the innocent.
Noah would keep us wrapped, like vine shoots curled,
for a new planting in a better world.

Translated by Robert Friend

כְּקִמְרוֹן

כְּקִמְרוֹן שֶׁבְּחַלּוֹן יָשָׁן
מֵאֶדֶן נַעֲלֶה: מִכָּאן וְכָאן.

בַּעֲלוֹתֵנוּ יַחַד, זֶה מוּל זֶה,
אֶחָד אֶל הַשֵּׁנִי נֹטֶה.

עַד שֶׁבְּאֶבֶן הַיָּתֵד יַחְדָּו
נִמְצָא מָנוֹחַ — מֵצַח מְשֻׁתָּף.

תָּמִיד נִרְאֶה: עַל אֶדֶן — פְּרָחִים.
וְעוֹד הַרְחֵק יוֹתֵר — אֶת הַדְּרָכִים.

LIKE THE STONE ARCH

Like the stone arch of ancient windows, we
from the ledge will rise in singularity;
rising together and each facing each,
one leans on other, thus to mend the breach
Till brought together at the keystone crown,
we shall find rest—our forehead one.
Always we shall see flowers on the sill,
and always the roads, if we look farther still.

Translated by Robert Friend

כִּשְׁתַּיִם אֲבָנִים

כִּשְׁתַּיִם אֲבָנִים אֲנַחְנוּ, לְרַגְלֵי מוֹרָד.
עַד כָּאן גֻּלְגַּלְנוּ. פֹּה נָפוּשׁ מְעַט.

שָׁנָה, שְׁנָתַיִם אוֹ יוֹתֵר נִשְׁכַּב,
לִרְאוֹת בְּהִתְחַלֵּף קֵיצִים וּסְתָו.

גּוּפֵנוּ מְחַסְפָּס, כֻּלּוֹ פָּנִים
לָחוּשׁ בַּשֶּׁמֶשׁ וּבְצֵל הָעֲנָנִים.

וּמִתַּחְתֵּינוּ גַּם בַּקַּיִץ עוֹד נִשְׁמֶרֶת
אַדְמַת אָבִיב לַחָה, סְחַרְחֶרֶת,

רוֹחֶשֶׁת חַי שָׁחֹר וְלֹא נִבְקַעַת —
וְרַק שֶׁלָּנוּ הִיא וְלֹא נוֹדַעַת.

WE ARE TWO STONES

We are two stones resting at the mountain's foot.
We rolled till here. And here we shall take root.
Seeing the winters, summers rolling by, —
a year or two, or maybe more, we'll lie
with roughened bodies that have all face grown,
feeling cloud-shadow and the sun.
Beneath us, even in summer, we
shall keep the moist spring earth dizzily
stirring with dark life—earth that is ours alone,
whose secret, too, is ours, beneath the stone.

Translated by Robert Friend

מתוך קַיִץ אוֹ סוֹפוֹ

רָחַצְתְּ אֶת הַפֵּרוֹת
רָצַחְתְּ אֶת הַחַיְדַּקִים.
עַל הַכִּסֵּא, שָׁעוֹן וְשִׂמְלָה.
בַּמִּטָּה אֲנַחְנוּ,
בְּלִי כָּל אֵלֶּה
וְזֶה לָזֶה.
וְאִלְמָלֵא שְׁמוֹתֵינוּ
הָיִינוּ עֲרֻמִּים לְגַמְרֵי.

נִפְלָא הָיָה הַחֲלוֹם עַל
הַשֻּׁלְחָן.

הַפֵּרוֹת שֶׁהִשְׁאַרְנוּ אוֹתָם
לְנַצֵּחַ עַד מָחָר.
וּבְאַחַד מִן הָעֲרָבִים הָאֵלֶּה. יִהְיֶה עָלַי
לְהַגִּיד הַרְבֵּה
עַל כָּל שֶׁנִּשְׁאַר וְנִשְׁמַר בָּנוּ.

אַחַר חֲצוֹת, כְּשֶׁהֵחֵלּוּ מְלוֹתֵינוּ
לְהַשְׁפִּיעַ עַל הָעוֹלָם,
שַׂמְתִּי אֶת יָדִי עַל מִצְחֵךְ:
מַחְשְׁבוֹתַיִךְ הָיוּ קְטַנּוֹת מִכַּף יָדִי,
אַךְ יָדַעְתִּי שֶׁזּוֹ טָעוּת,
כְּטָעוּת כַּף הַיָּד
הַמְּכַסָּה אֶת הַשֶּׁמֶשׁ.

FROM SUMMER OR ITS END

You washed the fruit.
You murdered the bacteria.
On the chair: a watch and a dress.
In the bed: us,
without any of these
and each for the other.
And if it weren't for our names
we would have been completely naked.

It was marvelous, the dream on
the table.
We left the fruit
forever till the next day.
And one of these evenings
I'll have a lot to say about
everything that remains and is kept inside us.

After midnight, when our words began
to influence the world,
I put my hand on your forehead:
your thoughts were smaller than the palm of my hand
but I knew this was a mistake,
like the mistake of the hand that covers
the sun.

Translated by Steven Mitchell

עוֹד פַּעַם

עוֹד פַּעַם הֲיִי לִי מַלְכוּתִי שֶׁל מַטָּה
מֵעֵבֶר לַדֶּלֶת, שֶׁאֵין דַּרְכָּהּ חוֹזֵר.
עוֹד פַּעַם אֶשְׁמַע: טוֹב שֶׁבָּאתָ.
וְאַחַר כָּךְ לָמוּת בְּלִי לְהִשְׁתַּחְזֵר.

עוֹד פַּעַם תְּחוּשַׁת הַמַּפְתֵּחַ
שֶׁל דֶּלֶת בֵּיתֵךְ בְּתוֹךְ כִּיסִי.
וּבְבוֹא רוּחַ קָרָה בַּחֲצוֹת, לְפֶתַע,
לִלְחֹשׁ: הִתְכַּסֶּה, הִתְכַּסִּי.

וְעוֹד פַּעַם: אַגַּן יְרֵכַיִם.
עוֹד פַּעַם לָמוּת וּלְהִתְקַיֵּם.
לִהְיוֹת אִתָּךְ מַיִם בְּתוֹךְ מַיִם
וְלֹא יַבְדִּילוּ בֵּינֵינוּ, וּלְסַיֵּם.

וְלִשְׁכַּב בַּחֹשֶׁךְ וְלִשְׁמֹעַ
אֶת הַקּוֹל אֲשֶׁר מֵעַל הַקּוֹל
עוֹד פַּעַם בַּלַּיְלָה וּבַמֵּצַח לִנְגֹּעַ.
אַחַר כָּךְ לִפֹּל:

לֹא בַּמִּלְחָמוֹת, לֹא בָּהֶן אֶפֹּל שׁוּב,
אֶלָּא כָּאן וְעַכְשָׁו, בְּאֶרֶץ הַבִּלְעָד,
הִיא אֶרֶץ בִּלְעָדַי וְאֶרֶץ בִּלְעָדַיִךְ,
וְאֶרֶץ הַגְּבָעוֹת הָאֲפֹרוֹת. אֶרֶץ לָעַד.

ONCE MORE

Once more be my earthly kingdom
beyond that door with no return.
Once more let me hear: "So good you came"
and after that to die without resurrection.

Once more the touch of your key
inside my pocket,
and at midnight, with the cold wind
to whisper: Please, cover, please.

Once more hips and belly.
Once more to die and be,
and to lie with you, water within water
and no one will tell us apart.

To be awake in the dark and to listen
to the voice upon the voice,
once more to touch your night and your forehead.
After that—to fall

Not in wars, not again that,
but now in the never land:
Never me and never you,
Grey hills land, forever land.

טַבּוּר

"בְּיָמֵינוּ שׁוּב אֵין
הַצְהָרוֹת מִלְחָמָה:
הַמִּלְחָמָה יְשֵׁנָה.
וְאֵין הַצְהָרוֹת אַהֲבָה."

בְּכֻתֹּנֶת דַּקָּה שְׁסוּעָה
עַד סַנְטֵר קַמְתְּ מוּלִי.
מִלָּה אַחַת
(הָאִשָּׁה הַמְּשֻׁגַּעַת צָחֲקָה מֵעֵבֶר לַקִּיר),
מִלָּה אַחַת שְׁקוּעָה עָמֹק:
טַבּוּר.

NAVEL

In our time there are no longer
declarations of war—
there is war.
And there are no declarations of love.

In a light nightgown
split to the chin, you stood up against me.
One word
(the madwoman laughed in the other room),
one deeply sunk word:
navel.

אַהֲבָה בְּעֶרֶב שַׁבָּת אַחַר הַצָּהֳרַיִם

חַלָּה קְלוּעָה, אַתְּ וַאֲנִי
בְּאַהֲבָה שֶׁל שַׁבָּת.

בַּחֶדֶר אֲנִי מַשְׁחִיר אֶת עוֹרֵךְ
בְּאֶצְבְּעוֹת עִתּוֹן טָרִי.

מַנְגִּינָה אַתְּ שׁוֹמַעַת בְּאָזְנֵךְ
שֶׁבָּהּ עוֹד מִלְמוּלֵי תַּאֲוָתִי,
כְּמוֹ בְּמַאֲפֵרָה.

אוֹר הַשֶּׁמֶשׁ יוֹתֵר מִדַּי לָךְ ;
תָּשִׂימִי מִשְׁקָפַיִם כֵּהִים
עַל עֵינַיִךְ :

הָעוֹלָם יִרְאֶה אוֹתָךְ
אָפֵל יוֹתֵר מִמֶּנִּי.

LOVE ON A FRIDAY AFTERNOON

A braided challah, you and me
with Sabbath-love.

In the room I blacken your skin
with fingers grimy with the ink of fresh newspaper.

You hear a tune in your ears
and in them still
the leftover murmuring of my lust,
like in an ashtray.

The sun's too much for you:
you'll put dark glasses
on your eyes.

The world will see you
darker than me.

הַלֵּב בַּמַּאי מֻשְׁחָת

יָמִים אַחֲרוֹנִים שֶׁל קַיִץ הֵם
יָמִים אַחֲרוֹנִים שֶׁל שְׁנַיִם יַחְדָּו.
הַלֵּב בַּמַּאי מֻשְׁחָת.

נִפְרָד מִנִּפְרָד נִפְרָד.
וּבַלֵּילוֹת כָּתוּב לֵאמֹר: לֵילוֹת.
יֵאוּשׁ שֶׁהִתְיָאֵשׁ מֵאִתָּנוּ
הָיָה לְתִקְוָה.

אֲנִי חוֹשֵׁב שֶׁגַּם נְיוּטוֹן גִּלָּה
אֶת מַה שֶּׁגִּלָּה בַּהֲפוּגָה
בֵּין שְׁנֵי כְּאֵבִים.
מַה נִּלְמַד מִזֶּה עַל הִתְרַגְּשׁוּת חַיֵּינוּ,
מַה נִּלְמַד עַל הַדִּבּוּרִים הַשְּׁקֵטִים
הַמַּקִּיפִים אוֹתָם? אֵילוּ דְּבָרִים
צְרִיכִים לִפֹּל מֵאֵיזֶה עֵץ כְּדֵי שֶׁנִּלְמַד?

נוֹרָא הוּא לְהִלָּחֵם נֶגֶד
אַהֲבָה בְּכַדּוּרֵי שֵׁנָה. לְאָן הִגַּעְנוּ!

THE HEART IS A CORRUPT DIRECTOR

The last days of summer
are the last days of two, together.
The heart is a corrupt director.

Departing departs from departing.
And in the nights it is written:
despair which despaired of us
became hope.
I think that even Newton discovered
whatever he discovered
in the lull between
one pain and another.

What bearing could this have
on the headiness of our lives?
What bearing on the soft talk
which surrounds them?
What manner of things have to fall
from which tree, for us to learn?

It is terrible to battle against love
with sleeping pills. What have we come to!

Translated by Asia Gutmann

שׁוּב נִגְמְרָה אַהֲבָה

שׁוּב נִגְמְרָה אַהֲבָה, כְּמוֹ עוֹנַת הֲדָרִים מְצְלַחַת,
אוֹ כְּעוֹנַת חֲפִירוֹת, אֲשֶׁר הוֹצִיאָה מִמַּעֲמַקִּים
דְּבָרִים נִרְגָּשִׁים שֶׁבִּקְּשׁוּ לְהִשָּׁכַח.

שׁוּב נִגְמְרָה אַהֲבָה. וּכְמוֹ אַחַר שֶׁהָרְסוּ
בַּיִת גָּדוֹל וּפִנּוּ אֶת הַהֲרִיסוֹת, אַתָּה עוֹמֵד
בַּמִּגְרָשׁ הָרֵיק וְהַמְּרֻבָּע וְאַתָּה אוֹמֵר: כַּמָּה קָטָן
הָיָה הַשֶּׁטַח שֶׁעָלָיו עָמַד הַבַּיִת
עִם כָּל הַקּוֹמוֹת וְהָאֲנָשִׁים.

וּמִמֶּרְחַק הָעֲמָקִים נִשְׁמָע
קוֹל טְרַקְטוֹר בּוֹדֵד בַּעֲבוֹדָתוֹ,
וּמִמֶּרְחַק הֶעָבָר קוֹל קִשְׁקוּשׁ
הַמַּזְלֵג בְּצַלַּחַת הַחַרְסִינָה הַמְּעַרְבֵּב
וּמַקְצִיף חֶלְמוֹן עִם סֻכָּר לַיֶּלֶד
וּמְקַשְׁקֵשׁ וּמְקַשְׁקֵשׁ.

AGAIN LOVE HAS ENDED

Again love has ended, like a successful citrus season,
or like a season's excavations which unearthed
troubled things that wanted to be forgotten.

Again love has ended. After they've demolished
a big house and cleared the debris, you stand
on the square and empty site and say: what a small
site the house stood on
with all the stories and people.

And from the distance of the valleys came
the sound of a solitary tractor at work
and from the distance of the past the sound of the fork
clattering on the china dish
mixing and whipping the egg white with sugar
                                for the child
clattering and clattering.

Translated by Tudor Parfitt and Glenda Abramson

הֱיִי שָׁלוֹם

הֱיִי שָׁלוֹם, פְּנֵי אַתְּ וּכְבָר פְּנֵי זֵכֶר.
נְדוֹד עוֹלֶה מֵאוֹב; וְעָף וְעָף.
פְּנֵי חַיּוֹת, פְּנֵי מַיִם וּפְנֵי לֶכֶת,
וְיַעַר לְחִישׁוֹת, פְּנֵי חֵיק, פְּנֵי טַף.

לֹא לָנוּ שׁוּב שָׁעָה שֶׁבָּהּ נוּכַל לָגֶשֶׁת.
לֹא לָנוּ לְהַגִּיד: עַכְשָׁו, עַכְשָׁו.
שֵׁם שֶׁל רוּחוֹת הָיָה לָךְ, פַּעַם אֵשֶׁת
הַכְּווּנִים וְכַוָּנוֹת מַרְאָה וּסְתָו.

כִּי מַה שֶּׁלֹּא הֵבַנּוּ, הֵן זִמַּרְנוּ יַחַד.
דּוֹרוֹת וָחשֶׁךְ, פְּנֵי הַסֵּרוּגִין.
וְלֹא שֶׁלִּי עוֹד, לֹא מְפַעְנַחַת,
סְגוּרַת פְּטָמוֹת, אַבְזָם, פִּיּוֹת, בְּרָגִים.

לָכֵן שָׁלוֹם לָךְ, לְעוֹלָם לֹא נִרְדֶּמֶת,
שֶׁהַכֹּל הָיָה בִּדְבָרֵנוּ, שֶׁהַכֹּל שֶׁל חוֹל.
מִכָּאן וּלְהַבָּא אַתְּ מְחַלֶּמֶת
לַחֲלוֹמוֹת שֶׁלָּךְ: תֵּבֵל וָכֹל.

הֱיִי שָׁלוֹם, צְרוֹרוֹת וּמִזְוָדוֹת הַמָּוֶת.
חוּטִים, נוֹצוֹת, בְּלִיל מִשְׁכָּן. מַשְׁכּוֹן שֵׂעָר.
כִּי מַה שֶּׁלֹּא יִהְיֶה, אַף יָד אֵינָהּ כּוֹתֶבֶת,
וּמַה שֶּׁלֹּא הָיָה שֶׁל גּוּף, לֹא יִזָּכֵר.

FAREWELL

Face of you, already face of dreaming.
Wandering rises up, aloft and wild.
Face of beasts, of water, face of leaving,
grove of whispers, face of breast, of child.

No more the hour in which we two could happen,
no more for us to murmur: *now* and *all*.
You had a name of wind and raincloud, woman
of tensions and intentions, mirror, fall.

For what we didn't know, we sang together.
Changes and generations, face of night.
No longer mine, code unresolved forever,
closed-nippled, buckled, mouthed and twisted tight.

And so farewell to you, who will not slumber,
for all was in our words, a world of sand.
From this day forth, you turn into the dreamer
of everything: the world within your hand.

Farewell, death's bundles, suitcase packed with waiting
Threads, feathers, holy chaos. Hair held fast.
For look: what will not be, no hand is writing;
and what was not the body's will not last.

Translated by Steven Mitchell

כְּגוֹן יָגוֹן

הַאִם עָלַיִךְ עוֹד כָּל כָּךְ הַרְבֵּה לָדַעַת,
בַּת אֵרוּעִים, שֶׁלֶג דְּאֶשְׁתָּקַד.
וְאַחַר כָּךְ, לֹא לָנוּ, לֹא קֻבַּעַת
הַתַּרְעֵלָה, אֶלָּא הַסֵּפֶל וְהָאֵלֶם וְלָעַד.

הֲרֵי הֶחְלַפְנוּ כְּתִיקִים, כְּמוֹ מְעִיל שֶׁל גֶּשֶׁם
בַּתַּחֲנוֹת. לֹא עוֹד אֲנִי־אֲנִי וְלֹא אַתְּ־אַתְּ.
שׁוּב לֹא לַחֲזֹר. שׁוּב לֹא יַחְדָּו לָגֶשֶׁת,
רַק לַחַשׁ שֶׁל כִּבּוּי בַּיַּיִן, כִּבְמוֹצָאֵי שַׁבָּת.

עַכְשָׁו נִשְׁאַר לִי מִשִּׁמְשֵׁךְ רַק הַיָּרֵחַ.
מִלִּים שֶׁל מַה בְּכָךְ וְנֶחָמָה, כְּגוֹן:
הַנַּח הַכֹּל. כְּגוֹן, תֵּן לִי לָנוּחַ.
כְּגוֹן, הַגֵּשׁ לִי אֶת סוֹפִי. כְּגוֹן, יָגוֹן.

SUCH AS SORROW

Should you realize so much, daughter of every season,
this year's fading flowers or last year's snow.
And afterward, not for us, not the vial of poison,
but rather the cup and the muteness and the long
                                         way to go.

Like two briefcases we were interchanged
                                 for each other.
Now I am no longer I, and you are not you.
No more returning, no more approaching together,
just a candle snuffed in wine, as when Sabbath
                                    is through.

Now all that's left from your sun is the pallid moon.
Trivial words that may comfort today or tomorrow:
Such as, give me rest. Such as, let it all go and be gone.
Such as, come and hand me my last hour.
                              Such as, sorrow.

Translated by Steven Mitchell

לִזְכֹּר הוּא מִין תִּקְוָה

הַמְּהִירוּת שֶׁל הַמֶּרְחָק בֵּינֵינוּ:
לֹא שֶׁאֶחָד הָלַךְ וְהַשֵּׁנִי נִשְׁאַר,
אֶלָּא הַמְּהִירוּת הַכְּפוּלָה שֶׁל הוֹלְכִים זֶה מִזֶּה.

מִן הַבַּיִת שֶׁהָרַסְתִּי, אֲפִלּוּ הַשְּׁבָרִים אֵינָם שֶׁלִּי.
וּפַעַם הָיוּ הַמִּלִּים שֶׁרָצִינוּ לְדַבֵּר יַחְדָּו בְּמֶשֶׁךְ חַיֵּינוּ
כַּעֲרֵמָה מְדֻיֶּקֶת שֶׁל חַלּוֹנוֹת לְיַד בִּנְיָן חָדָשׁ,
כְּשֶׁעֲדַיִן שָׁתַקְנוּ.

אֵינֶנִּי יוֹדֵעַ מַה קָּרָה לָךְ מֵאָז
כְּשֵׁם שֶׁאֵינֶנִּי יוֹדֵעַ אֵיךְ קָרָה
לִי מַה שֶּׁקָּרָה לִי מֵאָז:
לִזְכֹּר הוּא מִין תִּקְוָה.

TO REMEMBER IS A KIND OF HOPE

The speed of distance between us:
Not that one went away while the other stayed,
but the double speed of two going from each other.

Of the house I destroyed, not even the broken pieces
                                    are mine anymore.
And, once, all the words we wanted to say to each
                                    other
during our lives were stacked in straight clean heaps
of window frames at a new building site,
while we were still silent.

I don't know what happened to you since,
and whatever happened to me
I don't know how it happened.
To remember is a kind of hope.

Translated by Ted Hughes and Yehuda Amichai

לַוִּי אוֹתִי

לַוִּי אוֹתִי לִנְמַל תְּעוּפָה.
אֲנִי לֹא עָף, אֲנִי לֹא הוֹלֵךְ, אֲנִי לֹא עוֹזֵב.
אֲבָל, לַוִּי אוֹתִי אֶל מָטוֹס לָבָן
בֵּין עַרְפִלֵּי עֲצֵי זֵיתִים,

אִמְרִי מִלִּים שֶׁמַּחֲלִיפוֹת עוֹנוֹת
בְּחִפָּזוֹן קָצָר שֶׁל שְׁעַת פְּרִידָה.

אָז הַיָּדַיִם בָּאוֹת אֶל
הָעֵינַיִם הַבּוֹכוֹת כְּמוֹ אֶל
שֶׁקֶט לִשְׁתּוֹת וְלִשְׁתּוֹת.

TAKE ME TO THE AIRPORT

Take me to the airport:
I don't fly, I don't go,
I don't leave.
But take me to a white airplane
among the gray mists of olive trees.

Say words which change
seasons in the great urge
of the hour of departing.

Then hands will come
to the weeping eyes
as to a trough
and drink and drink

Translated by Ted Hughes and Yehuda Amichai

חֲתֻנָּה

יֵשׁ שִׂמְחָה שֶׁבּוֹכָה
שִׁבְעָה יָמִים וְשִׁבְעָה לֵילוֹת. יֵשׁ
חֲתֻנָּה שֶׁבָּהּ חָתָן וְכַלָּה
כָּל כָּךְ רְחוֹקִים זֶה מִזּוֹ,
שֶׁהַחֻפָּה לֹא תַּסְפִּיק לְכַסּוֹת אוֹתָם
יַחְדָּו. וְקוֹל הָרַב הַמְּקַדֵּשׁ
וְקוֹל "הֲרֵי אַתְּ"
יֹאבְדוּ בַּמִּדְבָּר שֶׁל הַמְּדַבֵּר.

אַתְּ, אַתְּ, תַּ, תַּ, תַּ תַּ,
כְּמוֹ מְכוֹנַת־יְרִיָּה בּוֹדֶדֶת
בִּפְתִיחַת הַקְּרָב אוֹ אַחַר סִיּוּמוֹ.

יֵשׁ חֲתֻנָּה שֶׁבָּהּ אֶצְלֵךְ לַיְלָה
וְאֶצְלִי יוֹם. אֶצְלֵךְ מִתְאָרְכִים הַיָּמִים
וְאֶצְלִי מִתְקַצְּרִים. וְהָרַב שֶׁקִּדֵּשׁ אוֹתָנוּ
כָּאן הִתְיָאֵשׁ וּמַסְפִּיד הֶסְפֵּדִים שָׁם.
זֶה יוֹתֵר בָּטוּחַ.

WEDDING

There is a joy that weeps for
seven days and seven nights. There are weddings
in which bride and groom are so much apart
that the canopy is not big enough
to cover them together.

And the rabbi's voice,
"Herewith I wed..."
will be lost like the voice in the desert,
wed... wed... wed... wed...
like a lone machine gun
at the start of a battle, or at its end.

There is a wedding
where your night is my day,
and where your days get longer
and mine get shorter.

The rabbi who performed the wedding
has given up and has turned
to deliver eulogies:
It is safer there.

חֲתֻנָּה מְאֻחֶרֶת

אֲנִי יוֹשֵׁב בַּחֲדַר הַמְתָּנָה עִם חֲתָנִים צְעִירִים
מִמֶּנִּי בְּהַרְבֵּה שָׁנִים. אִלּוּ חָיִיתִי בִּימֵי קֶדֶם,
הָיִיתִי נָבִיא. אֲבָל עַכְשָׁו אֲנִי מְחַכֶּה בְּשֶׁקֶט
לִרְשֹׁם אֶת שְׁמִי עִם שֵׁם אֲהוּבָתִי בַּסֵּפֶר הַגָּדוֹל
שֶׁל הַנְּשׂוּאִין וּלְהָשִׁיב לִשְׁאֵלוֹת שֶׁעֲדַיִן אֲנִי יָכוֹל
לְהָשִׁיב לָהֶן. מִלֵּאתִי אֶת חַיַּי מִלִּים,
אָסַפְתִּי בְּגוּפִי יְדִיעוֹת שֶׁאֶפְשָׁר לְכַלְכֵּל בָּהֶן
שֵׁרוּתֵי בִּיּוּן שֶׁל כַּמָּה אֲרָצוֹת.

בִּצְעָדִים כְּבֵדִים אֲנִי נוֹשֵׂא מַחֲשָׁבוֹת קַלּוֹת,
כְּשֵׁם שֶׁבִּנְעוּרַי נָשָׂאתִי מַחֲשָׁבוֹת כְּבֵדוֹת גּוֹרָל
עַל רַגְלַיִם קַלּוֹת, כִּמְעַט רוֹקְדוֹת מֵרֹב עָתִיד.

לַחַץ חַיַּי מְקָרֵב אֶת תַּאֲרִיךְ הַלֵּדָה
אֶל תַּאֲרִיךְ הַמָּוֶת, כְּמוֹ סִפְרֵי הַהִיסְטוֹרְיָה,
שֶׁבָּהֶם לַחַץ הַהִיסְטוֹרְיָה הִצְמִיד אֶת שְׁנֵי
הַמִּסְפָּרִים הָאֵלֶּה יַחְדָּו לְיַד שֵׁם מֶלֶךְ מֵת
וְרַק מַקָּף מַפְרִיד בֵּינֵיהֶם.

אֲנִי מַחֲזִיק בַּמַּקָּף הַזֶּה בְּכָל מְאוֹדִי,
כְּמוֹ בְּקֶרֶשׁ הַצָּלָה, אֲנִי חַי עָלָיו,
וְנֶדֶר לֹא לִהְיוֹת לְבַד עַל שְׂפָתַי,
קוֹל חָתָן וְקוֹל כַּלָּה וְקוֹל
מִצְהֲלוֹת יְלָדִים בְּחוּצוֹת יְרוּשָׁלַיִם
וּבְעָרֵי יְהוּדָה.

LATE WEDDING

I sit in the waiting room with young bridegrooms,
many years younger. Had I lived in ancient times,
I would have been a prophet. But now I'm waiting pati
to register my name with the name of my beloved in
the big ledger

of marriages and to answer questions I can still
answer. I filled my life with words,
I amassed in my body information that can feed
the intelligence services of many countries.

With heavy steps I bear light thoughts
as I bore in my childhood fate-laden thoughts
on light feet, almost dancing with so much future.

The pressures of my life bring together my birth day
and my death day, like history books,
where the pressures of history join those two numbers
at the name of a dead king,
just a hyphen separating them.

I hold onto the hyphen as hard as I can,
as to a life raft. I live on it.
And on my lips the oath not to live alone.
The *voice of the bridegroom* and the *voice of the bride*
and the voice

of children playing in the streets of Jerusalem
and in the towns of Yehuda.

גַּעְגּוּעִים נוֹרָאִים

נָפְלוּ עָלַי גַּעְגּוּעִים נוֹרָאִים, כְּמוֹ בְּנֵי אָדָם
עַל תַּצְלוּם יָשָׁן הָרוֹצִים לִהְיוֹת שׁוּב
עִם הַמִּסְתַּכְּלִים בָּהֶם, בָּאוֹר הַטּוֹב שֶׁל הַמְּנוֹרָה.

כָּאן בַּבַּיִת הַזֶּה אֲנִי חוֹשֵׁב, אֵיךְ אַהֲבָה
נֶהְפֶּכֶת לִידִידוּת בַּכִּימְיָה שֶׁל חַיֵּינוּ
וְעַל הַיְּדִידוּת הַמַּרְגִּיעָה אוֹתָנוּ
לִקְרַאת הַמָּוֶת.
וְאֵיךְ חַיֵּינוּ הֵם כְּחוּטִים בּוֹדְדִים
בְּלִי תִּקְוָה לִהְיוֹת שׁוּב אֲרוּגִים בְּבַד אַחֵר.

מִתּוֹךְ הַמִּדְבָּר מַגִּיעִים קוֹלוֹת סְתוּמִים.
אָבָק מְנַבֵּא אָבָק. מָטוֹס חוֹלֵף
סוֹגֵר מֵעָלֵינוּ רוֹכְסָן שֶׁל שַׂק גּוֹרָל גָּדוֹל.

וְזֵכֶר פְּנֵי נַעֲרָה שֶׁאָהַבְתִּי עוֹבֵר
לְאֹרֶךְ הָעֵמֶק, כְּמוֹ הָאוֹטוֹבּוּס הַזֶּה בַּלַּיְלָה:
הַרְבֵּה חַלּוֹנוֹת מוּאָרִים, הַרְבֵּה פָּנֶיהָ.

TERRIBLE LONGING

There came upon me a terrible longing
like people in an old photograph
who want to be back among those
who are looking at them
in the soft light of a lamp.

Here in this house I think
how love has turned into friendship
in the chemistry of our life.
I think about friendship which calms us for death
and how our lives are like single threads
without any hope of being rewoven
into another cloth.

Out of the desert
come muffled sounds,
dust prophesies dust, an airplane
fastens above our heads
the zipper of a huge bag of fate.

And the memory of a girl I once loved
moves along the valley tonight, like a bus,
many lighted windows passing, many her-faces.

בַּיּוֹם שֶׁיָּצָאתִי

בַּיּוֹם שֶׁיָּצָאתִי פָּרֶץ הָאָבִיב
לְקַיֵּם אֶת מַה שֶּׁנֶּאֱמַר: חֹשֶׁךְ, חֹשֶׁךְ.
אָכַלְנוּ יַחְדָּו. שָׂמוּ לָנוּ מַפָּה לְבָנָה
בִּשְׁבִיל הַשַּׁלְוָה. שָׂמוּ לָנוּ נֵר בִּשְׁבִיל הַנֵּר.
שָׂבַעְנוּ וְיָדַעְנוּ: נֶפֶשׁ הַדָּג הִיא
עַצְמוֹתָיו הָרֵיקוֹת.

עָמַדְנוּ עוֹד פַּעַם לְיַד הַיָּם:
מִישֶׁהוּ, אַחֵר, כְּבָר עָשָׂה הַכֹּל וּמִלֵּא הַכֹּל.

וְאַהֲבָה — הַלֵּילוֹת הַמְּעַטִּים
כְּמוֹ בּוּל נָדִיר. הַנְּגִיעָה לַלֵּב
בְּלִי לְהַשְׁאִיר לֵב נָגוּעַ.
אֲנִי נוֹסֵעַ בְּקַלּוּת, כְּמוֹ תְּפִלָּה שֶׁל יְהוּדִים
מִתְרוֹמֵם פָּשׁוּט, כְּמַבָּטִים וְכַטִּיסָה לְמָקוֹם אַחֵר.

THE DAY I LEFT

The day I left, spring broke out
to fulfill what had been said: darkness, darkness.

We had a meal together. They spread a white
                              tablecloth
for tranquillity. They put a candle for candle's sake.

We ate and we knew: The fish's soul
is his empty bones.

We stood once more by the sea:
Someone else already had made and filled everything.

And love—those few nights
like rare stamps. The touching of the heart
without leaving it hurt.
I travel lightly, like prayers of Jews,
rise simply like rising eyes and like
a flight to some other place.

Translated by Ted Hughes and Yehuda Amichai

פְּנֵי הַמַּיִם

פְּנֵי הַמַּיִם הִזְכִּירוּ לִי
אֶת פָּנַיִךְ מִן הַיָּמִים
שֶׁבָּהֶם יָדַעְנוּ מַה קּוֹרֶה.

וְלָאַחֲרוֹנָה רָאִיתִי אוֹתָךְ
מְקַבֶּלֶת אֶת הַדִּין כִּמְקַבֶּלֶת פְּרָחִים:
בְּחִיּוּךְ וּבְקִדָּה.
אַחַר כָּךְ — הַמָּסָךְ.

וְעוֹד עַכְשָׁו רוֹעֵד וּמְצַלְצֵל לִי הַדָּם,
כִּזְגוּגִית בַּחַלּוֹן, בַּעֲבֹר הָרֶכֶב הַכָּבֵד.
וּמַחְשְׁבוֹתַי כְּרוּכוֹת עָלַי
כְּחֶבֶל עַל מָתְנֵי הַסַּבָּל. יַעַזְרוּ לִי מְעַט
לָשֵׂאת אֶת הֶמְשֵׁךְ חַיַּי.

THE WATER'S SURFACE

The water's surface
reminded me of your face
those days
when we still knew what was happening.

Last I saw you
accepting your fate
like flowers
with a smile and a bow—
After that—the curtain.

Yet even now my blood
still trembles and tingles
like a window pane
when a heavy truck is passing in the street.

And my thoughts are wound around
my waist, like the rope of a porter:
May they help me a little
to carry the rest of my life.

יָשָׁר מִן הַדֵּעוֹת הַקְּדוּמוֹת

יָשָׁר מִן הַדֵּעוֹת הַקְּדוּמוֹת קָפַצְתְּ אֵלַי,
כִּמְעַט לֹא הִסְפַּקְתְּ לְהִתְלַבֵּשׁ.

אֲנִי רוֹצֶה לְיַהֵד אוֹתָךְ בְּגוּפִי הַנִּמּוֹל
אֲנִי רוֹצֶה לִכְרֹךְ אוֹתָךְ בִּתְפִלִּין מִלְּמַעְלָה עַד לְמַטָּה.

אֲנִי רוֹצֶה לְהַלְבִּישׁ אוֹתָךְ זָהָב וּקְטִיפָה,
כְּמוֹ סֵפֶר תּוֹרָה, וְלִתְלוֹת מָגֵן דָּוִד עַל צַוָּארֵךְ

וּלְנַשֵּׁק אֶת יְרֵכַיִךְ,
כְּמוֹ מְזוּזָה בַּדֶּלֶת.

אֲנִי אֲלַמֵּד אוֹתָךְ אֶת הַמִּנְהָג הַיָּשָׁן שֶׁל רְחִיצַת
רַגְלַיִם מִתּוֹךְ אַהֲבָה:

רַחֲצִי לִי אֶת זִכְרוֹנוֹתַי,
שֶׁהָלַכְתִּי בָּהֶם הַרְבֵּה וְעָיַפְתִּי.

וְעֵינַי עָיְפוּ מִן הָאוֹתִיּוֹת הַמְרֻבָּעוֹת שֶׁל שְׂפָתִי
אֲנִי רוֹצֶה אוֹתִיּוֹת זוֹרְמוֹת כְּגוּפֵךְ.

אֲנִי לֹא רוֹצֶה לְהַרְגִּישׁ אִתָּךְ כִּנְבִיא זַעַם
אוֹ כִּנְבִיא שֶׁל נֶחָמָה.

STRAIGHT FROM YOUR PREJUDICE

Straight from your prejudice you came to me,
you hardly managed to get dressed.

I want to Judaize you with my circumcised body
I want to bind you in phylacteries from top to bottom.

I want to dress you in gold and velvet,
like the Torah scroll, and to hang a Star of David
around your neck.

And to kiss your thighs,
like a mezuzah at the door.

I'll teach you the old custom
of washing feet with love:

Oh, wash my memories for me,
for I've walked in them so much that I'm tired.

And my eyes are tired of the square letters of my langu
I want letters that flow like your body.

I don't want to feel like a prophet of wrath
or like a prophet of consolation.

כִּמְעַט
הִצְלַחְתִּי:

אֲבָל כְּשֶׁבָּכִית, נוֹצְצוּ הַדְּמָעוֹת בְּעֵינַיִךְ
כַּשֶּׁלֶג וּכְקִשּׁוּטֵי חַג הַמּוֹלָד.

I almost
succeeded.

But when you cried, tears shone in your eyes
like snow and Christmas trimmings.

Translated by Tudor Parfitt and Glenda Abramson

דַּיֶּלֶת

וְדַיֶּלֶת אָמְרָה לְכַבּוֹת כָּל חָמְרֵי הָעִשּׁוּן,
וְלֹא פֵּרְטָה, סִיגָרִיָּה, סִיגָר אוֹ מִקְטֶרֶת.
וְעָנִיתִי לָהּ בְּלִבִּי: יֵשׁ לָךְ חָמְרֵי אַהֲבָה יָפִים,
וְגַם אֲנִי לֹא פֵּרַטְתִּי.

וְאָמְרָה לִי לְהַדֵּק וְלִקְשֹׁר אֶת עַצְמִי
אֶל הַכִּסֵּא, וְעָנִיתִי לָהּ:
אֲנִי רוֹצֶה שֶׁכָּל הָאַבְזָמִים בְּחַיַּי יִהְיוּ בְּצוּרַת פִּיךְ.

וְאָמְרָה: אַתָּה רוֹצֶה קָפֶה עַכְשָׁו אוֹ אַחַר כָּךְ,
אוֹ בִּכְלָל לֹא. וְעָבְרָה לְיָדִי
גְּבוֹהָה עַד הַשָּׁמַיִם.

הַצַּלֶּקֶת הַקְּטַנָּה בִּמְרוֹם זְרוֹעָהּ
הֵעִידָה שֶׁלְּעוֹלָם לֹא תִּפָּגַע בְּמַחֲלַת הָאֲבַעְבּוּעוֹת
וְעֵינֶיהָ הֵעִידוּ שֶׁלְּעוֹלָם לֹא תִּתְאַהֵב שׁוּב:
הִיא שַׁיֶּכֶת לַמִּפְלָגָה הַשַּׁמְרָנִית
שֶׁל אוֹהֲבֵי אַהֲבָה גְּדוֹלָה אַחַת בְּחַיֵּיהֶם.

AIR HOSTESS

The air hostess said put out all smoking material,
but she didn't specify, cigarette, cigar or pipe.
I said to her in my heart: you have beautiful
                                  love material,
and I didn't specify either.

She told me to fasten and tie myself
to the seat and I said:
I want all the buckles in my life to be shaped like
                                   your mouth.

She said: Would you like coffee now or later
or never. And she passed me
tall as the sky.

The small scar high on her arm
showed that she would never have smallpox
and her eyes showed that she would never again
                                   fall in love:
she belongs to the conservative party
of those who have only one great love in their life.

Translated by Tudor Parfitt and Glenda Abramson

נַעֲרָה מוֹדֶרְנִית

רָאִיתִי נַעֲרָה מוֹדֶרְנִית וְיָדַעְתִּי אֶת הַטָּעוּת
הַגְּדוֹלָה שֶׁל תְּחִיַּת הַמֵּתִים:
בְּנֵי אָדָם שֶׁמֵּתוּ, אֲחֵרִים קָמִים בִּמְקוֹמָם.

נַעֲרָה מוֹדֶרְנִית, מִתַּחַת לְשִׂמְלָתָהּ
הִיא לְבוּשָׁה בֶּגֶד רִקּוּד קָצָר
וּמִתַּחַת לְבֶגֶד הָרִקּוּד, בֶּגֶד יָם
קָצָר עוֹד יוֹתֵר: הִיא תָּמִיד מוּכָנָה לַכֹּל.

וְעֵינֶיהָ קִצְרוֹת רְאִיָּה,
הָעֵינַיִם הַיְּחִידוֹת הַטּוֹבוֹת לַזְּמַן הַזֶּה,
שֶׁאֲנִי חוֹשֵׁב שֶׁהוּא נוֹרָא
וְהִיא חוֹשֶׁבֶת שֶׁהוּא נִפְלָא.

נַעֲרָה מוֹדֶרְנִית, בּוֹאִי לָגוּר בְּדוֹרִי,
אוֹ לְפָחוֹת זִרְקִי לְתוֹכִי
מִלִּים זָרוֹת, כְּמוֹ מַטְבְּעוֹת
לְתוֹךְ בְּרֵכָה שֶׁל מַזָּל,
הֵם יֵרָאוּ בַּקַּרְקָעִית תָּמִיד בִּצְלִילוּת,
אֲנִי לֹא אֶגַּע בָּהֶם.
אִישׁ לֹא יִגַּע בָּהֶם.

A MODERN GIRL

I saw a modern girl and I realized the great error
about the resurrection of the dead:
people die, others rise to take their place.

A modern girl under her dress,
wears a leotard
and under that leotard, a swimsuit
even shorter: always ready for everything,

And her nearsighted eyes are
the only eyes right for this time,
a time I think so terrible
and she thinks so wonderful.

Modern girl, come live in my generation,
or at least toss into my heart
some foreign words like coins
into a wishing well,
they will always be seen in the clear depths,
I will not touch them.
No one will.

מַרְתֵּף הַכְּבִיסָה

מַרְתֵּף הַכְּבִיסָה בַּבַּיִת הַגָּדוֹל. שָׁם אֲנִי אוֹהֵב
לִהְיוֹת, שָׁם שָׁמַיִם שֶׁל מַטָּה, וּבַחוּץ
לִפְנֵי הַחַלּוֹנוֹת הַגְּבוֹהִים הָעוֹלָם בְּרִשְׁעוּתוֹ הָרוֹעֶשֶׁת.

מַרְתֵּף הַכְּבִיסָה. שָׁם מְקוֹם מִפְגַּשׁ הָאִישׁ
אֲפֹר הַשֵּׂעָר וְהַזּוֹעֵם עִם הַנַּעֲרָה
הָעֲרֻמָּה מִתַּחַת לַסָּדִין הָאַחֲרוֹן שֶׁנִּשְׁאַר עָלֶיהָ,
שְׁאָר בְּגָדֶיהָ, עֶלְיוֹנִים עִם תַּחְתּוֹנִים
גַּם עֵדֶן וְתֹפֶת יַחְדָּו
מִסְתּוֹבְבִים בִּסְחְרוּר נִלְהָב
בְּתֻפֵּי הַמְּכוֹנוֹת, כְּמוֹ מְשַׂחֲקֵי מַזָּל
לַחֲלֻקָּה מְחֻדֶּשֶׁת שֶׁל גּוֹרָלוֹת וְגוּפִים.

מַרְתֵּף הַכְּבִיסָה. בֵּין אֵדֵי סַבּוֹן מְתוּקִים
עוֹלָה בִּי תְּשׁוּקָה גְּדוֹלָה
לְשַׁנּוֹת אֶת חַיַּי מִתְּחִלָּתָם וְעַד סוֹפָם.
אֲנִי מְחַבֵּק אֶת הַסַּל הֶחָם וְהָרֵיחָנִי
וְעוֹלֶה בַּמַּעֲלִית הַשִּׁכּוֹרָה,
כְּמוֹ אָדָם שֶׁחוֹלֵם חֲלוֹם בְּתוֹךְ חֲלוֹם
וְהוּא צָרִיךְ לְהִתְעוֹרֵר
פַּעַם וְעוֹד פַּעַם
כְּדֵי לַחֲזֹר אֶל הָעוֹלָם הַזֶּה.

THE LAUNDRY BASEMENT

The laundry basement in a big house. There I love
to be, there the sky is temporal, and outside
in front of the high windows, the world is at its
                                        noisy evil.

The laundry basement. The meeting place of the
angry grey-haired man
with the girl naked under the last sheet left to her.
The rest of her clothes, outerwear with underwear,
heaven and hell, spin together in enthusiastic dizziness
in the drums of the machines, like the wheel
                                        of fortune,
for a new distribution of fates and bodies.

The laundry basement. Among the steam
                                        of sweet soaps
there rises within me a great desire
to change my life from beginning to end.
I embrace the warm scented basket
and rise in the drunken elevator
like a man who dreams a dream within a dream
and he must wake up
again and again
to return to this world.

הַמֵּתִים, גַּעְגּוּעֵיהֶם הֵם בְּלִי גְּבוּל

הַמֵּתִים, גַּעְגּוּעֵיהֶם הֵם בְּלִי גְּבוּל.
מִי שֶׁנּוֹסֵעַ לְבַדּוֹ יוֹדֵעַ עַל כָּךְ,
חֵפֶץ חָשׁוּד מְתַקְתֵּק בְּחָזֵהוּ
וּשְׂפָתָיו מְקֻמָּרוֹת כְּמוֹ קֶשֶׁת
לוֹמַר מִלִּים.
וּקְרוֹבָה הָאַהֲבָה בּוֹ, כְּמוֹ
תְּחוּשַׁת יָם גָּדוֹל שֶׁמֵּעֵבֶר לְרֶכֶס הַגְּבָעוֹת.

וּפְגִישׁוֹת כְּמוֹ אוֹר פָּנָס רִאשׁוֹן
הַנּוֹגֵעַ בְּאוֹר אַחֲרוֹן שֶׁל יוֹם,
אֵינֶנִּי יוֹדֵעַ כַּמָּה זְמַן
פְּגִישָׁה כָּזֹאת מִתְקַיֶּמֶת
אִם מִתְקַיֶּמֶת פְּגִישָׁה כָּזֹאת.

לִפְעָמִים בְּחֶסֶד הָעֶרֶב קוֹרֶה שֶׁשֵּׁם הַמָּלוֹן
דּוֹמֶה לְשֵׁם אָדָם שֶׁאָהַבְתָּ.

פַּעַם נִקְרְעָה לִי הַמִּזְוָדָה בְּמָקוֹם רָחוֹק וָזָר
וְאִשָּׁה אַחַת נָתְנָה לִי אֶת חֲגוֹרָתָהּ
לִכְרֹךְ אוֹתָהּ סְבִיב הַמִּזְוָדָה
לְהֶמְשֵׁךְ הַמַּסָּע.

THE DEAD, THEIR LONGING IS INFINITE

The dead, their longing is infinite.
Whoever travels by himself knows of it,
a suspicious package ticks in his breast
and his lips arch like a vault
to utter words.
And the love in him is near,
like the feeling of a great sea beyond the next
rise of hills.

And meetings that are like the light of the first
                                    streetlamp
that touches the last light of day—
I do not know
how long such meetings last
if there are such meetings.

Sometimes in the grace of evening
it happens that the name of the hotel
resembles the name of someone you loved.

Once, in a distant country, my suitcase broke open,
and a woman gave me her belt
that I might tie it around the suitcase
for the continuation of the journey.

117

עַצְבוּת עֵינַיִם וְתֵאוּרֵי מַסָּע

יֵשׁ זִכָּרוֹן אָפֵל שֶׁרַעַשׁ יְלָדִים
מְשַׂחֲקִים מְפַזֵּר עָלָיו כְּסֻכָּר צִבְעוֹנִי.

יֵשׁ דְּבָרִים שֶׁשּׁוּב לֹא יָגֵנּוּ
עָלֶיךָ. וְיֵשׁ דְּלָתוֹת חֲזָקוֹת מִקְּבָרִים.

יֵשׁ מַנְגִּינָה, כְּמוֹ הַהִיא בְּמַעְדִּי
לְיַד קָהִיר, שֶׁהִבְטִיחָה דְּבָרִים,
אֲשֶׁר הַשְּׁתִיקָה שֶׁל עַכְשָׁו
לַשָּׁוְא תִּרְצֶה לְקַיֵּם.

וְיֵשׁ מָקוֹם שֶׁלֹּא תּוּכַל לָשׁוּב אֵלָיו.
וְעֵץ מַסְתִּיר אֶת זֶה בַּיּוֹם
וּמְנוֹרָה מְאִירָה אֶת זֶה בַּלַּיְלָה,
וְיוֹתֵר אֲנִי לֹא יָכוֹל לְהַגִּיד
וְיוֹתֵר אֵינֶנִּי יוֹדֵעַ.

לִשְׁכֹּחַ וְלִפְרֹחַ. לִפְרֹחַ וְלִשְׁכֹּחַ; זֶה הַכֹּל.
הַשְּׁאָר, עַצְבוּת עֵינַיִם וְתֵאוּרֵי מַסָּע.

SADNESS OF THE EYES AND
DESCRIPTIONS OF A JOURNEY

There is a dark memory on which the noise of
playing children is scattered like powdered sugar.

There are things which will never again
protect you and there are doors stronger than tombs.

There is a melody like the one in Ma'adi,
near Cairo—with a promise of things
which the silence of now
tries to keep, in vain.

And there is a place to which you can never return.
A tree hides it during the day
and a lamp lights it up at night.
And I can't say any more
and I don't know anything else.

To forget and blossom, to blossom and forget, is all.
The rest is sadness of the eyes and descriptions of a
                                        journey.

Translated by Ted Hughes and Yehuda Amichai

זִכְרוֹן אַהֲבָה: הֶסְדֵּר וּתְנָאִים

הָיִינוּ כְּמוֹ יְלָדִים שֶׁלֹּא רָצוּ
לָשׁוּב מִן הַיָּם. וּבָא הַלַּיְלָה הַכָּחֹל
וְאַחֲרָיו הַלַּיְלָה הַשָּׁחֹר.

מַה הֵבֵאנוּ אִתָּנוּ לְהֶמְשֵׁךְ חַיֵּינוּ —
פָּנִים לוֹהֲטִים, פָּנִים בּוֹעֲרִים
כַּסְּנֶה שֶׁלֹּא יְאֻכַּל עַד סוֹף חַיֵּינוּ.

הֶסְדֵּר מוּזָר עָשִׂינוּ בֵּינֵינוּ:
אִם תָּבוֹאִי אֵלַי, אָבוֹא אֵלַיִךְ,
הֶסְדֵּר וּתְנָאִים מוּזָרִים: אִם תִּשְׁכְּחִי אוֹתִי,
אֶשְׁכַּח אוֹתָךְ.
הֶסְדֵּר מוּזָר וּדְבָרִים יָפִים.

אֶת הַדְּבָרִים הַמְּכֹעָרִים
נֶאֱלַצְנוּ לַעֲשׂוֹת בְּהֶמְשֵׁךְ חַיֵּינוּ.

A MEMORY OF LOVE: TERMS AND CONDITIONS

We were like children who didn't want to
come out of the sea. The blue night came
and then the black night.

What did we bring back for the rest of our lives?
A flaming face, like the burning bush
that won't consume itself till the end of our lives.

We made a strange arrangement between us:
if you come to me, I'll come to you,
strange terms and conditions: if you forget me,
I'll forget you.
Strange terms and lovely things.

The ugly things we had to do
for the rest of our lives.

Translated by Barbara and Benjamin Harshav

זִכְרוֹן אַהֲבָה: פְּתִיחַת הַצַּוָּאָה

עַכְשָׁו אֲנִי עוֹד בִּפְנִים, בְּתוֹךְ הַחֶדֶר
אֲשֶׁר בְּעוֹד יוֹמַיִם אֶרְאֶה רַק מִן הַחוּץ,
הַתְּרִיס הַמּוּגָף שֶׁל חַדְרֵךְ, שֶׁבּוֹ אָהַבְנוּ זֶה אֶת זֶה
וְלֹא אֶת כָּל הָאֱנוֹשׁוּת.

וַאֲנַחְנוּ נִפְנֶה לַחַיִּים הַחֲדָשִׁים
בַּדֶּרֶךְ הַמְּיֻחֶדֶת שֶׁל הֲכָנוֹת קַפְּדָנִיּוֹת
לַמָּוֶת, פָּנֶיהָ לַקִּיר כְּמוֹ בַּתַּנַ"ךְ.

הָאֱלֹהִים אֲשֶׁר מֵעַל לָאֲוִיר הַנָּשׁוּם
שֶׁעָשָׂה לָנוּ שְׁתֵּי עֵינַיִם וּשְׁתֵּי רַגְלַיִם
עָשָׂה לָנוּ גַּם נַפְשׁוֹתַיִם.

וַאֲנַחְנוּ נִפְתַּח אֶת הַיָּמִים הָאֵלֶּה
בְּיוֹם רָחוֹק מִכָּאן, כְּמוֹ שֶׁפּוֹתְחִים
צַוָּאָה שֶׁל מֵת
שָׁנִים אַחַר מוֹתוֹ.

A MEMORY OF LOVE: OPENING THE WILL

I'm still in the room. Two days from now
I will see it from the outside only,
the closed shutter of your room where we loved one
                                        another
and not all mankind.

And we shall turn to the new life
in the special way of careful preparations
for death, turning to the wall
as in the Bible.

The god above the air we breathe
the god who made us two eyes and two legs
made us two souls too.

And we shall open these days
on a day far away from here, as one opens
the will
years after a death.

Translated by Barbara and Benjamin Harshav

בִּמְקוֹם שִׁיר אַהֲבָה

לחנה

כְּמוֹ שֶׁמִּ"לֹא־תְבַשֵּׁל גְּדִי בַּחֲלֵב אִמּוֹ",
עָשׂוּ אֶת כָּל הַחֻקִּים הָרַבִּים שֶׁל כַּשְׁרוּת,
אֲבָל הַגְּדִי שָׁכוּחַ וְהֶחָלָב שָׁכוּחַ וְהָאֵם שְׁכוּחָה,

כָּךְ מֵ"אֲנִי אוֹהֵב אוֹתָךְ"
עָשִׂינוּ אֶת כָּל חַיֵּינוּ יַחְדָּו.
אֲבָל אֲנִי לֹא שָׁכַחְתִּי אוֹתָךְ
כְּפִי שֶׁהָיִית אָז.

INSTEAD OF A LOVE POEM

To Chana

From "thou shalt not seethe a kid in its mother's milk,
they made the many laws of Kashrut,
but the kid is forgotten and the milk is forgotten and
                                        the mother is forgotten.

In this way from "I love you"
we made all our life together.
But I've not forgotten you
as you were then.

Translated by Tudor Parfitt and Glenda Abramson

הָיִינוּ קְרוֹבִים

הָיִינוּ קְרוֹבִים זֶה לָזֶה,
כְּמוֹ שְׁנֵי מִסְפָּרִים בְּהַגְרָלָה
בְּהֶפְרֵשׁ קָטָן שֶׁל סִפְרָה אַחַת
וְאֶחָד מֵהֶם יִזְכֶּה, אוּלַי.

וְיָפִים פָּנַיִךְ וּשְׁמֵךְ הַמֻּדְפָּסִים עָלַיִךְ,
כְּמוֹ עַל קֻפְסָה שֶׁל מַעֲדָן מְלֵאָה
הַפְּרִי וְהַשֵּׁם.
הַאִם אַתְּ עֲדַיִן בִּפְנִים?

בַּיָּמִים שֶׁבָּהֶם הַיָּמִים
יִהְיוּ מְתוּקִים כַּלֵּילוֹת
וְיָפִים בִּזְמַנֵּי אֲנָשִׁים
שֶׁהַזְּמַן אֵינוֹ חָשׁוּב לָהֶם עוֹד,
נֵדַע, נֵדַע.

WE WERE NEAR

We were so near to each other,
like two numbers in a lottery,
just one cipher apart.
One of us will win, perhaps.

Beautiful are your face and your name,
printed on you as on a tin of a
marvelous preserve
Fruit and its name.
Are you still inside?

Time will come, when days will be
sweet as nights
and beautiful for people
to whom time will be unimportant.

Then we shall know.

Translated by Ted Hughes and Yehuda Amichai

שְׁנֵי רְסִיסִים מֵהִתְפּוֹצְצוּת הָאֶכְלוּסִיָּה

שְׁנֵי רְסִיסִים מֵהִתְפּוֹצְצוּת הָאֶכְלוּסִיָּה,
נִפְגַּשְׁנוּ בְּמִקְרֶה. רְסִיסִים קְטַנִּים וּקְרוּעִים
אֲבָל עִם לֵילוֹת שְׁלֵמִים וְשֵׁנוֹת
מְשֻׁתָּפוֹת וְרַכּוֹת עַד קְצֵה הַחֹשֶׁךְ.

וְאֵיזֶה בַּיִת יָפֶה זֶה הָיָה, כְּמוֹ בֵּית
הַמִּקְדָּשׁ! וּמִיָּד אוֹכְלִים וּמִיָּד שׁוֹתִים
וְזוֹכְרִים רַק פַּעַם בַּשָּׁנָה בְּצוֹם וְקִינָה.

לֹא יָדַעְנוּ אֶת כֹּחַ־הַהֲמָסָה שֶׁל דְּמָעוֹת
וְאֶת כֹּחַ הָרִסּוּק שֶׁל צְחוֹק הַטּוֹחֵן
הַכֹּל לְאָבָק.

עַכְשָׁו אֶפְשָׁר לוֹמַר: "עוֹד שְׁתֵּי פְּעָמִים
מָחֳרָתַיִם, עוֹד אַרְבָּעָה לֵילוֹת."
כַּמָּה עֲנִיִּים הֵם הָעוֹמְדִים לְהִפָּרֵד
בְּשָׁנִים וַאֲפִלּוּ בְּיָמִים, אֲבָל כַּמָּה
עֲשִׁירִים הֵם בְּדַקּוֹת וּבִשְׁנִיּוֹת.

TWO FRAGMENTS OF THE
POPULATION EXPLOSION

Two fragments of the population explosion,
we met by chance. Tiny, torn fragments.
But with whole nights and shared sleep until dawn.

And what a beautiful house it was, like the House
of the Lord! You eat and drink
and remember only once a year to fast and lament.

We didn't know the melting power of tears
and the breaking power of laughter which grinds
everything to dust.

Now we still can say: "Half a week,
three full days, another four nights."

How poor in years and even days
are those about to part but how rich
they are in minutes and seconds.

Translated by Tudor Parfitt and Glenda Abramson

בִּנְדִידַת עַמִּים

וְאַף עַל פִּי שֶׁגַּרְנוּ לְאֹרֶךְ אוֹתוֹ הַפְּרוֹזְדוֹר
בְּאוֹתוֹ הַבַּיִת, נִפְגַּשְׁנוּ רַק כְּמוֹ שְׁנַיִם
שֶׁנִּפְגָּשִׁים בִּנְדִידַת עַמִּים שֶׁל יְמֵי קֶדֶם
בְּמִקְרֶה.

וְאַף עַל פִּי שֶׁאַתְּ צְעִירָה מִמֶּנִּי הַרְבֵּה שָׁנִים
אֲנַחְנוּ בְּנֵי אוֹתָהּ שִׁכְבָה אַרְכֵאוֹלוֹגִית בֶּעָתִיד.

אַתְּ לוֹקַחַת אֶת הַמִּלִּים מֵאוֹתוֹ מָקוֹם כָּמוֹנִי,
אַךְ הַמִּלִּים שֶׁלָּךְ שׁוֹנוֹת מִשֶּׁלִּי.

הָאוֹר בִּשְׂעָרֵךְ, כְּמוֹ הָאוֹר
שֶׁנִּתְפַּס בְּתַצְלוּם יָשָׁן.

מַפְתְּחוֹת הַבַּיִת הָיוּ פַּעַם גְּדוֹלִים וּכְבֵדִים וּבוֹדְדִים
וּשְׁקֵטִים מְאוֹד, עַכְשָׁו צְרוֹרוֹת מַפְתְּחוֹת
קְטַנִּים וּשְׁטוּחִים, מְקַשְׁקְשִׁים וּמְצַלְצְלִים,
יוֹדְעִים הַרְבֵּה.

עַכְשָׁו כּוֹתְבִים שֵׁמוֹת עַל חֻלְצוֹת
וּפַעַם הָיוּ חֲרוּטִים בָּאֶבֶן.

אֲנִי אֶהְיֶה אַחֵר
כְּמוֹ אִילָן שֶׁעָשׂוּ אוֹתוֹ
לְרָהִיטִים מוֹעִילִים.

IN THE MIGRATION OF PEOPLES

And though we live in the same corridor
in the same house, we met only as two strangers
meeting in the migration of peoples in ancient times,
by chance.

And though you are younger than me by many years
we are both of the same archaeological stratum in the
                                                future.

You take words from the same place as me,
but your words are different from mine.
The light in your hair, like the light
caught in an old photo.

Housekeys used to be big and heavy and separate
and very quiet. Now bundles of keys
small and flat, rattle and tinkle,
know a lot.

Now they write names on shirts,
once they were carved on stone.

I will be different,
like a tree made
into useful furniture.

וְאַתְּ תִּשָּׁאֲרִי שָׁם יָפָה כְּמוֹ
כְּלֵי זְכוּכִית יְקָרִים בְּמוּזֵאוֹן
שֶׁלְּעוֹלָם לֹא יְמַלְּאוּ אוֹתָם שׁוּב
בְּשֶׁמֶן וּבְחֵלֶב בְּיַיִן וּבְתִירוֹשׁ.

And you will remain there beautiful
like rare glass vessels in a museum,
never again to be filled
with oil and milk, wine and mead.

Translated by Barbara and Benjamin Harshav

זִכְרוֹן אַהֲבָה: הַתֵּאוּר

אֲנִי לֹא יָכוֹל לְתָאֵר לְעַצְמִי
אֵיךְ נִחְיֶה הָאֶחָד בְּלִי הַשֵּׁנִי,
כָּךְ אָמַרְנוּ.

וּמֵאָז אָנוּ חַיִּים בְּתוֹךְ הַתֵּאוּר הַזֶּה
יוֹם יוֹם, רְחוֹקִים זֶה מִזֶּה
וּרְחוֹקִים מִן הַבַּיִת
שֶׁבּוֹ אָמַרְנוּ אֶת הַדְּבָרִים הָאֵלֶּה.

כָּל סְגִירַת דֶּלֶת, כָּל פְּתִיחַת חַלּוֹן,
כְּמוֹ נִתּוּחַ בְּהַרְדָּמָה, בְּלִי כְּאֵב.

הַכְּאֵבִים אַחַר כָּךְ.

A MEMORY OF LOVE: IMAGE

I cannot imagine
how we shall live without each other,
so we said.

And since then we live inside that image,
day after day, far from each other,
far from the house
where we said those words.

Every door closing, every window opening,
like under anesthesia, no pain.

Pains come later.

Translated by Barbara and Benjamin Harshav

שִׁיר אוֹהֵב וְכוֹאֵב

כָּל זְמַן שֶׁהָיִינוּ יַחְדָּו,
הָיִינוּ כְּמִסְפָּרַיִם טוֹבִים וּמוֹעִילִים.

אַחַר שֶׁנִּפְרַדְנוּ חָזַרְנוּ
לִהְיוֹת שְׁתֵּי סַכִּינִים חַדּוֹת
תְּקוּעוֹת בִּבְשַׂר הָעוֹלָם,
כָּל אֶחָד בִּמְקוֹמוֹ.

SONG OF LOVE AND PAIN

While we were together
we were like a useful pair of scissors.

After we parted we again
became two sharp knives
stuck in the world's flesh
each one in his own place.

Translated by Tudor Parfitt and Glenda Abramson

חִלּוּפִים, טָעֻיּוֹת, אֲהָבוֹת

בַּקַּיִץ רָאִיתִי בְּגַן גָּדוֹל בֵּין עֵצִים
אִישׁ צָעִיר וְאִשָּׁה צְעִירָה שֶׁצִּלְּמוּ זֶה אֶת זֶה
בַּמִּדְשָׁאָה הַנּוֹטָה לְמַטָּה. וְהֵם יִתְחַלְּפוּ
זֶה לָזֶה, וּמִי שֶׁיָּבוֹאוּ בִּמְקוֹמוֹ וּבִמְקוֹמָהּ, יִהְיוּ
כְּמוֹ הַהֶבְדֵּל בֵּין בְּרוֹשׁ וּבֵין אֹרֶן.

הוֹ חִלּוּפִים, הוֹ טָעֻיּוֹת,
רֹב הָאֲהָבוֹת הֵן טָעוּת כַּטָּעוּת שֶׁל קוֹלוּמְבּוּס
שֶׁהִגִּיעַ לְאָמֵרִיקָה וְחָשַׁב שֶׁהִגִּיעַ לְהֹדּוּ,
וְקָרָא לַיַּבֶּשֶׁת הֹדּוּ,
כָּךְ אוֹהֲבִים אוֹמְרִים אַהֲבָה,
אֶרֶץ אַהֲבָתִי אֲהוּבִי.

הוֹ מִשְׂחָק בִּילְיַארְד אָפֵל,
נְקִישׁוֹת כַּדּוּרִים וּנְפִילוֹת לְתוֹךְ מַעֲמַקִּים,
וּבְדִידוּת הַנִּשְׁאָר לְבַדּוֹ לְיַד הַשֻּׁלְחָן,

הוֹ מִשְׂחֲקֵי טֶנִיס בִּלְבוּשׁ שָׁחֹר
וּרְשָׁתוֹת מַפְרִידוֹת לָנֶצַח.

בְּאֶרֶץ רְחוֹקָה מְאוֹד שָׁמַעְתִּי, פַּעַם, נַעֲרָה
מְנַגֶּנֶת עַל כִּנּוֹר "אֵלִי, אֵלִי,
שֶׁלֹּא יִגָּמֵר לְעוֹלָם" בִּמְתִיקוּת גְּדוֹלָה.

CHANGES, MISTAKES, LOVES

In the summer, in a big park among the trees, I saw
a young man and a young woman photographing one
                                        another
on the lawn sloping down. Then they changed places
and whoever comes in his place and in her place,
                                        will be
like the difference between a cypress and a pine.

Oh changes, oh mistakes,
most loves are a mistake like the mistake of Columbus
who came to America and thought he had reached
                                        India,
and called the continent India,
so lovers say love,
the land of my love, my love.

Oh dark snooker game,
billiard balls clicking, falling into depths,
and the loneliness of he who remains alone at the
                                        table.

Oh tennis games in black garb
and nets eternally dividing.

עַל כִּנּוֹר, בְּלִי מִלִּים, רָחוֹק מִן הַמָּוֶת
שֶׁל חַנָּה סֶנֶשׁ וְרָחוֹק מִן הַחוֹף הַלָּבָן.
אוֹתוֹ שִׁיר, סָפֵק שִׁיר אַהֲבָה לֵאלֹהִים,
סָפֵק לָאָדָם, סָפֵק לַיָּם, סָפֵק
קֵיסָרִיָּה, סָפֵק הוּנְגַּרְיָה
סָפֵק מָוֶת, סָפֵק חַיִּים.

In a very distant land, I once heard a girl
playing on a violin "*Eli, eli,*
she-lo yigamer le-olam"* so sweetly.

On a violin, with no words, far from the death
of Hannah Senesh and far from the white shore.
The same song, perhaps a lovesong to God,
perhaps to man, perhaps to the sea, perhaps
Caesarea, perhaps Hungary,
perhaps death, perhaps life.

Translated by Barbara and Benjamin Harshav

---

* "My God, my God, let it never end." From a song by Hannah
  Senesh, a native of Hungary and member of Kibbutz Sdot Yam
  (Caesarea), who parachuted into occupied Hungary and was
  executed by the Nazis.

יוֹבֵל אַהֲבָה

יוֹבֵל אַהֲבָה. שִׁיר מִזְמוֹר מִשְּׁנוֹת הָאַרְבָּעִים.
הַמִּכְתָּבִים כִּדְגָלִים מִתְעוֹפְפִים בָּרוּחַ
אוֹ מְקֻפָּלִים הֵיטֵב בָּאָרוֹן. צְרוּרִים בִּצְרוֹר.

"אֲנִי גָּרָה בֵּין פַּרְדֵּסִים,
רָמָתַיִם אוֹ גִּבְעַת חַיִּים,
אֲנִי גָּרָה לְיַד מִגְדַּל הַמַּיִם.
מִזֶּה יֵשׁ לִי הַרְבֵּה כֹּחַ וְהַרְבֵּה אַהֲבָה
אַתָּה תָּבִין אֶת זֶה בְּעוֹד שָׁנִים."

הַגִּבְעוֹל נוֹתֵן אֶת רֵיחוֹ כְּשֶׁשּׁוֹבְרִים אוֹתוֹ
עָלִים נוֹתְנִים אֶת רֵיחָם כְּשֶׁמְּמוֹלְלִים אוֹתָם
עַד דַּק בֵּין אֶצְבָּעוֹת. כָּךְ תִּהְיֶה אַהֲבָתֵנוּ
אַתָּה תָּבִין אֶת זֶה בְּעוֹד שָׁנִים.

אַתָּה תַּעֲבֹר מֶרְחַקִּים גְּדוֹלִים
אַךְ בַּמֶּרְחָק בֵּין שְׁתֵּי עֵינַי לֹא הָיִיתָ
וְלֹא תִּהְיֶה שׁוּב. אַתָּה תָּבִין אֶת זֶה.
אַתָּה תִּהְיֶה בִּמְקוֹמוֹת שֶׁאֵין בָּהֶם פַּרְדֵּסִים,
אַתָּה תִּשְׁכַּח אֶת הָאַהֲבָה הַזֹּאת,
כְּמוֹ שֶׁשָּׁכַחְתָּ אֶת קוֹל הַיֶּלֶד הַצָּלוּל
שֶׁהָיָה לְךָ. אַתָּה תָּבִין אֶת זֶה בְּעוֹד שָׁנִים.

ANNIVERSARY OF LOVE

Anniversary of love. A hymn from the forties.
Letters like banners waving in the wind
or folded in a cupboard. Bound up in our bundles.

"I live among orange groves,
Ramatayim or Givat Haim,
I live near the water tower.
I draw from it great strength and great love,
you will understand in years to come."

The stalk releases its smell when you break it,
leaves release their smell when you rub them
thinly between your fingers. So will our love be,
you will understand in years to come.

You will cross great distances,
but you were never in the distance between my eyes
and you never will be. You will understand.
You will be in places with no orange groves,
you will forget this love
as you forgot the child's voice
you once had. You will understand in years to come.

Translated by Barbara and Benjamin Harshav

אֲנִי מַכִּיר אָדָם

אֲנִי מַכִּיר אָדָם
שֶׁצִּלֵּם אֶת הַנּוֹף שֶׁרָאָה
מֵחַלּוֹן הַחֶדֶר שֶׁבּוֹ אָהַב
וְלֹא אֶת פְּנֵי זוֹ אֲשֶׁר אָהַב בּוֹ.

I KNOW A MAN

I know a man
who took pictures of the landscape he saw
from the window of the room where he loved
and not of the face of the one he loved.

Translated by Barbara and Benjamin Harshav

בֵּינַיִם

אֵיפֹה נִהְיֶה כְּשֶׁהַפְּרָחִים הָאֵלֶּה יֵהָפְכוּ פֵּרוֹת
בַּבֵּינַיִם הַצָּרִים, כְּשֶׁפֶּרַח שׁוּב לֹא פֶּרַח
וְהַפְּרִי טֶרֶם פְּרִי. וְאֵיזֶה בֵּינַיִם נִפְלָאִים עָשִׂינוּ
זֶה לָזֶה בֵּין גּוּף לְגוּף. בֵּינַיִם עֵינַיִם בֵּין עֵרוּת לְשֵׁנָה
בֵּינַיִם עַרְבַּיִם, לֹא יוֹם, לֹא לַיְלָה.

אֵיךְ שִׂמְלַת אָבִיב שֶׁלָּךְ כְּבָר הָיְתָה דֶּגֶל קַיִץ
וּכְבָר מִתְנוֹסֶסֶת בְּרוּחַ סְתָו רִאשׁוֹנָה.
אֵיךְ קוֹלִי כְּבָר לֹא הָיָה קוֹלִי
אֶלָּא, כִּמְעַט, כְּמוֹ נְבוּאָה.

אֵיזֶה בֵּינַיִם נִפְלָאִים הָיִינוּ, כְּמוֹ אֲדָמָה
בֵּין סִדְקֵי הַחוֹמָה, אֲדָמָה קְטַנָּה וְעִקֶּשֶׁת
לָאֵזוֹב הָאַמִּיץ, לַצָּלָף הַקּוֹצָנִי
אֲשֶׁר פֵּרוֹתָיו הַמָּרִים
הִמְתִּיקוּ אֶת אֲשֶׁר אָכַלְנוּ יַחְדָּו.

אֵלֶּה הַיָּמִים הָאַחֲרוֹנִים שֶׁל סְפָרִים
אַחַר כָּךְ יָבוֹאוּ הַיָּמִים הָאַחֲרוֹנִים שֶׁל מִלִּים.
אַתָּה תָּבִין אֶת זֶה בְּעוֹד שָׁנִים.

IN-BETWEEN

Where will we be when these flowers turn into fruit
in the narrow in-between, when the flower is no
                            longer a flower
and the fruit is not yet fruit? And what a wonderful
                            in-between did we make
for each other, between body and body. In-between
                            eyes, between waking and sleep.
In-between twilight, not day, not night.

How your springtime dress became a summer banner,
and there it's waving in the first autumn wind.
How my voice was my voice no more
but, almost, like prophecy.

What a wonderful in-between we were, like soil
in the cracks of a wall, small, stubborn earth
for the bold moss, the thorny caper bush
whose bitter fruit
sweetened what we ate together.

These are the last days of books.
Then, the last days of words.
You will understand in years to come.

Translated by Barbara and Benjamin Harshav

אֲנִי יוֹשֵׁב לְיַד הַשֻּׁלְחָן

אֲנִי יוֹשֵׁב לְיַד הַשֻּׁלְחָן וְכוֹתֵב
עָלָיו דְּבָרִים מְדֻיָּקִים. אֲנִי זוֹכֵר
אֶת הַתִּקְוָה לְאַהֲבָה רִאשׁוֹנָה שֶׁהָיְתָה לִי
לִפְנֵי שֶׁפָּגַשְׁתִּי אֶת הַנַּעֲרָה שֶׁאָהַבְתִּי,
אֲבָל אוֹתָהּ עַצְמָהּ כִּמְעַט אֵינֶנִּי זוֹכֵר,
כְּמוֹ אָדָם הַזּוֹכֵר אֶת הַצָּמָא שֶׁהָיָה לוֹ
בַּמִּדְבָּר, אַךְ אֶת שְׁתִיַּת הַמַּיִם
אֵינֶנּוּ זוֹכֵר.

כִּי מַה שֶּׁנִּשְׁאָר הוּא תַּבְנִית הַמַּעֲשֶׂה
וְלֹא תָּכְנוֹ, צוּרַת הָאוֹתִיּוֹת וְלֹא מוּבַן הַמִּלִּים.
כְּמוֹ בְּמִבְדָּק מִשְׂכָּל עָלַי לִשְׁכֹּחַ
אֶת מַה שֶּׁלָּמַדְתִּי וְלָדַעַת רַק
קַוִּים וּלְהַשְׁלִים צוּרוֹת.

אֲנִי כְּמוֹ אֳנִיָּה שֶׁמּוֹדְדִים אֶת נִפְחָהּ וְאֶת מִשְׁקָלָהּ.
לְפִי כַּמּוּת הַמַּיִם שֶׁהִיא דוֹחֶקֶת,
וְלֹא חָשׁוּב מַה הִיא נוֹשֵׂאת בְּבִטְנָהּ.

אֲנִי יוֹשֵׁב לְיַד הַשֻּׁלְחָן.
אֲנִי שׁוֹאֵל אֶת עַצְמִי,
מֶה עָצוּב יוֹתֵר:
דֶּלֶת בְּלִי מַפְתֵּחַ
אוֹ מַפְתֵּחַ בְּלִי דֶּלֶת.

I SIT AT A TABLE

I sit at a table and write
of precise matters. I remember the hope
for first love I held
before I met the girl I loved,
but the girl herself I hardly remember,
like someone who remembers his thirst
in the desert, but the water he drank
he does not remember.

What remains is the pattern of the event
and not its content, the shape of the letters
and not the meaning of the words.
As in an I.Q. test, I have to forget
what I learned and to know
only lines and how to complete shapes.

I am like a ship
that is measured by volume and weight
according to the amount of water it displaces,
and what it carries in its hold doesn't matter.

I sit at the table.
I ask myself,
what is sadder:
A door without a key
or a key without a door.

בִּבְרֵכַת הַשְׂחִיָּה

כָּאן אֲנִי פּוֹשֵׁט אֶת בְּגָדַי הַנִּפְחָדִים וְהַנּוֹאָלִים
וְשָׂם אוֹתָם בַּאֲרוֹנוֹת הַקֹּדֶשׁ שֶׁל חַדְרֵי הַהַלְבָּשָׁה.
וְרֵיחַ מַתֶּכֶת עִם רֵיחַ מַיִם וַחֲלֻדָּה
הֵם קְטֹרֶת הַכְּמִיהָה לִנְמֵלִים רְחוֹקִים
וּלְעוֹלָמוֹת שֶׁהָלְכוּ אֶל עוֹלָמָם.

אֲנִי שׂוֹחֶה בְּשַׁלְוָה מִצַּד אֶל צַד בַּבְּרֵכָה
בְּקֶצֶב חַיַּי וּבִתְנוּעוֹת הַזִּכָּרוֹן.
עַל שְׂפָתַי מִלְמוּל מִסְפַּר אֲרוֹן בְּגָדַי,
כְּמוֹ אֲמִירַת תְּהִלִּים, כְּמוֹ קֶסֶם מַצִּיל מֵאֲבַדּוֹן.
וְאִתִּי צְעִירִים וּצְעִירוֹת בִּשְׂחִיַּת חֶמְדָּה
וּבְטֹהַר גָּדוֹל מִכָּל מִקְוֵי הַטָּהֳרָה,
יָפִים וּשְׁזוּפִים בִּתְשׁוּקַת הַשֶּׁמֶשׁ וּמֻזְהָבִים בִּתְשׁוּקָתִי.

אֲנִי בֶּן מֵאִיר וּבֶן פְרִידָה וּבֶן תְּמוּתָה,
אֲנִי שֶׁהוֹלֵךְ לָמוּת מְבָרֵךְ אֶת אֵלֶּה
שֶׁיִּשָּׁאֲרוּ אַחֲרַי, כְּמוֹ לוּדְרִים בַּזִּירָה
לִפְנֵי הַקְּרָב הָאַחֲרוֹן.
אֲנִי הַמְּאַבֵּד מְתָאֵר בְּמִלִּים נִלְהָבוֹת אֶת אֲשֶׁר יֹאבַד לִי,
אֲנִי שֶׁבֵּיתִי יֶחֱרַב וְשֶׁגּוּפִי יִרְקַב,
מְהַלֵּל אֶת הַבָּתִּים הַחֲדָשִׁים
וְאֶת הַגּוּפִים שֶׁעוֹדָם רַעֲנַנִּים וּמְלֵאֵי אַהֲבָה.

AT THE SWIMMING POOL

Here, I take off my vain and frightened clothes
and hang them in the Holy Arks of the locker room.
And the smell of metal with the smell of water and rust
are the incense of yearning for distant harbors
and for worlds no longer ours.

I swim calmly from side to side in the pool,
in the rhythm of my life, in the movements of memory,
mumbling my locker number,
like a recitation of psalms, like a magic spell.
Around me, young men and women swim in loveliness
and in a purity great as any ritual bath,
beautiful and burnt by the sun's desire and radiant
                                    with my desire.

I, son of Meir, son of Frieda, son of mortality,
I who am about to die, salute those
whom I shall leave behind, like a gladiator in the arena
before the final battle.
I who will lose all, hail with passionate words the ones
                                    who will survive
I whose house will be destroyed, whose body will rot,
praise the new houses
and the bodies, still fresh and full of love.

151

אֲנִי יוֹצֵא מִן הַמַּיִם, אֲנִי מְנַגֵּב אֶת גּוּפִי
כְּמוֹ גּוּף שֶׁל אָדָם אַחֵר וְלוֹבֵשׁ אֶת בְּגָדַי.
אֲנִי מְבָרֵךְ אֶת בִּרְכַּת הַבְּרֵכָה
וְשׁוֹכֵחַ, כְּמוֹ בִּנְשִׁיקַת מֵצַח, אֶת הַמִּסְפָּר.

I rise from the water, I dry my body
as if it were the body of another man, and put on
my clothes.

I recite the blessing over the pool
and with a soft kiss on the forehead, forget my number.

בְּאַהֲבָתֵנוּ

בְּאַהֲבָתֵנוּ
גּוּף הָפַךְ מָקוֹם,
וּבְזִכְרוֹנֵנוּ
לֹא תָּעֵז לְנְשֹׁם.

מַה שֶּׁלֹּא עָשִׂינוּ,
לַיְלָה מִתְאַדֶּה,
מַה שֶּׁלֹּא הָיִינוּ
הוּא עַכְשָׁיו שָׂדֶה.

שִׁכְחָה וָלֶקֶט
וּפְאַת עָבָר,
כִּי תִּקְוַת הַטֶּקֶס
לֹא תַּצִּיל דָּבָר.

שִׂיחַ בּוּגֶנְוִילֵאָה,
זְמַן הוֹפֵךְ מָקוֹם
בְּעֵינֵי הַלַּיְלָה
יִזָּכֵר הַיּוֹם,

יִזָּכְרוּ בְּשֶׁקֶט
בַּיִת וּמִדְבָּר
כִּי הַטֶּקֶס
הוּא אֲשֶׁר נִשְׁאָר.

IN OUR LOVE

In our love
our bodies became the place,
but our deepest memories
no one dares to face.

What we never did
has gone with the night to yield,
and what we never were
is now an open field.

Remnants of the harvest,
leftovers from what has been,
even a ceremony
will not save a thing.

Bugainvilleas in blossom,
time has become all space,
eyes of night and darkness
remember the day, the days.

Silently they remember
house and desert, so vast,
only the ceremony
will remain at last.

לְמַעְלָה עַל הָעֵץ אִצְטְרֻבָּלִים

לְמַעְלָה עַל הָעֵץ אִצְטְרֻבָּלִים.
בַּלֵּב, לְמַטָּה, חֲלוֹמוֹת וְצִלְצוּלִים.

וּנְעָלֵינוּ, פְּעוּרוֹת וּמִן הַצַּד,
רוֹאוֹת אַף הֵן שָׁמַיִם. כְּבִישׁ כִּמְעַט

הִגִּיעַ הֵנָּה — אַךְ בְּהִתְחַשֵּׁב
עִם קְצָת הַנֵּצַח שֶׁאוֹהֶבֶת וְאוֹהֵב

מָצְאוּ כָּאן, לֹא הַרְחֵק מִיּוֹמְיוֹמָם
עָבַר הוּא מִסָּבִיב וְהִשְׁאִירָם.

ABOVE, PINE CONES

Above, pine cones and birds upon the bough.
Bird song and dream within the heart, below.
Our standed shoes, whose open mouths gape air,
behold the heavens, too. The thoroughfare
almost arrived here, but considering
the short eternity these lovers, murmuring,
found here, not distant from their daily lives,
went roundabout and left them to themselves.

Translated by Robert Friend

MORE LOVE POEMS

A Memory of Love: Terms and Conditions   121

A Memory of Love: Opening the Will   123

Instead of a Love Poem   125

We Were Near   127

Two Fragments of the Population Explosion   129

In the Migration of Peoples   131

A Memory of Love: Image   135

Song of Love and Pain   137

Changes, Mistakes, Loves   139

Anniversary of Love   143

I Know a Man   145

In-Between   147

I Sit at a Table   149

At the Swimming Pool   151

In Our Love   155

Above, Pine Cones   157

A Weeping Mouth   63

A Precise Woman   65

The Body Is the Reason for Love   67

Try Again   69

If Once Again a Flood Fell   71

Like the Stone Arch   73

We Are Two Stones   75

From Summer or Its End   77

Once More   79

Navel   81

Love on a Friday Afternoon   83

The Heart Is a Corrupt Director   85

Aagin Love Has Ended   87

Farewell   89

Such as Sorrow   91

To Remember Is a Kind of Hope   93

Take Me to the Airport   95

Wedding   97

Late Wedding   99

Terrible Longing   101

The Day I Left   103

The Water's Surface   105

Straight from Your Prejudice   107

Air Hostess   111

A Modern Girl   113

The Laundry Basement   115

The Dead, Their Longing Is Infinite   117

Sadness of the Eyes and Descriptions of a Journey   119

CONTENTS

Before   11

The Two of Them, the Brittle   13

Poem in an Orange Grove   15

Dangerous Love   17

Beginning of Summer   19

Both Together and Each Apart   21

A Girl Called Sarah   23

My Mother Once Told Me   25

Instructions for a Waitress   27

I Sat in Happiness   29

To My Love, Combing Her Hair   31

You Carry the Weight of Heavy Buttocks   33

Instead of Words   35

In the Long Nights   37

Sixty Kilograms of Pure Love   39

From Queen of Sheba   41

Herbal Tea   45

On Some Other Planet You May Be Right   47

Perspective of Love   49

I Dreamed a Dream   51

My Ex-Pupil   53

Human Bodies   55

Because I'll Have To   57

To Carry On Living   59

We Did It   61

Most of the poems included in this book were originally published in English in the following collections of Amichai's poetry: *Amen, Poems, Songs of Jerusalem and Myself, Time, Selected Poems, Great Tranquillity: Questions and Answers* and *Even the Fist Was Once An Open Hand and Fingers.*
Grateful acknowledgement is hereby made to Harper-Collins Publishers, Ltd., for use of the English language translations of the poems herein.

Poems with no reference to the translator's name were translated by Yehuda Amichai.

Jacket: A painting by Reuven Rubin
"Girl with pomegranates", 1922
Charles Clore Collection, London

©

Copyright by Schocken Publishing House Ltd., Tel Aviv
P.O.B. 2316 Tel Aviv 61022, FAX 3-5622668
Printed in Israel, 1994
ISBN 965-19-0347-3

Yehuda Amichai

MORE LOVE POEMS

A BILINGUAL EDITION

SCHOCKEN PUBLISHING HOUSE

To Chana

Yehuda Amichai / More Love Poems

MW00614457